I0815015

MARIE LISE LABONTÉ

Las familias de almas

CONCIENCIA EXPANDIDA

Obra editada en colaboración con Editorial Planeta – Perú

Título original: *Famille d'Âmes*

Bajo el sello editorial AQUARI M.R.
Avenida Presidente Masarik núm. 111,
Piso 2, Polanco V Sección, Miguel Hidalgo
C.P. 11560, Ciudad de México
www.planetadelibros.com.mx

Diseño de portada e interiores: Departamento de Diseño de Ediciones Aquari
Corrección de estilo: María Fernanda Méndez
Imagen de portada: 265870464 – Depositphotos

Primera edición impresa en Perú: marzo de 2022
ISBN: 978-612-48882-0-5

Primera edición impresa en México: junio de 2022
ISBN: 978-607-07-8834-5

Impreso en los talleres de Impresora Tauro, S.A. de C.V.
Av. Año de Juárez núm. 343, colonia Granjas San Antonio, Ciudad de México
Impreso en México – *Printed in Mexico*

Dedico este libro a Justin Éthier, mi hijo adoptivo,
y a las familias de almas.

Índice

Prólogo

Este libro contiene enseñanzas relativas a las Familias de Almas que fueron transmitidas de forma mediúmnica durante conferencias públicas o seminarios intensivos. Las hemos reagrupado con la intención de ofrecer una obra sencilla, concreta y accesible.

Cada capítulo corresponde a una transmisión, y está seguida de ejercicios de meditación y de preguntas que se plantearon durante dichas conferencias y seminarios, y también de sus respuestas. Hemos seleccionado las que nos parecen más adecuadas para brindar al lector una comprensión más profunda de los temas suscitados en cada capítulo.

Debo la publicación de este libro a la colaboración de dos personas que llevo en mi corazón: Lucie Douville y Robert Nataraj Éthier.

Agradezco especialmente a Lucie Douville por su fidelidad a la hora de transcribir las grabaciones, el trabajo de agrupar las distintas transmisiones y su habilidad en el manejo de los textos con el fin de hacerlos accesibles a los lectores.

Doy las gracias a Robert Nataraj Éthier por su apoyo y su presencia en cada una de dichas transmisiones.

Es mi deseo que el contenido de esta obra los aliente en su camino y, por encima de todo, que los ayude a reconocer los vínculos de amor que existen entre nosotros, de alma a alma y de corazón a corazón.

Con amor,
Marie Lise Labonté

PREFACIO

Invitación

¿Quién eres?

A tu hemisferio izquierdo le puede resultar extraño olvidar, durante la lectura de este libro, quién eres en la Tierra. Aun así, te invitamos a dejar de lado la identidad terrestre: olvidar la condición de hombre o mujer, de madre, de esposo o esposa, de empleado en una empresa, de maestro Reiki, sanador, médico o enfermera en paro. No te preocupes, volverás a recordar quién eres. Cuando acabes la lectura y te sumerjas de nuevo en la vida cotidiana, volverás a recordar tu nombre, tu edad y todo lo demás.

Te invitamos a hacer este ejercicio de conciencia para que puedas acceder a la vibración real de tu identidad. Olvida tu nombre y pide en este momento la alineación total con el alma, con la colaboración de la personalidad, del ego.

Acoge conscientemente las vibraciones de tu familia de almas en todos los centros de energía y abre el chakra de la corona igual que la flor de loto cuando se expande, permitiendo así que la energía celeste, la vibración correspondiente a la energía de tu identidad real, impregne todos los chakras. Respira profundamente. Siente cómo penetra esta vibración en el chakra de la corona y va bajando hasta la conciencia, la garganta, el corazón, el plexo, el hara[1], la base. Permite que esta vibración arraigue en el hondo suelo.

Recibe y acoge, con plena lucidez, la exploración de conciencia que representará la lectura de estas enseñanzas. Descubrirás hasta qué punto tu familia de almas y la posición que ocupas en su seno ha influido y continuará influyendo a lo largo de tu vida. Como alma libre que eres, tendrás la posibilidad de alinear la personalidad con tu identidad real, de alinear acción y misión. Dicha acción no es solo individual, va más allá de lo personal y lo trasciende; supone una alineación con tu familia y con otras familias, susceptible de crear una comunión entre almas que han escogido la encarnación terrestre.

Esta enseñanza afecta a las raíces celestes. Los vínculos entre las almas de una misma familia, a los que podríamos denominar «vínculos terrestres», son ante todo *vínculos celestes* que unen a almas que han decidido coincidir en el planeta Tierra. Estos lazos constituyen un receptáculo que puede facilitar en gran medida la evolución del alma y del resto de las almas pertenecientes a la misma familia y sirven a la evolución del Planeta y a la de las almas que han elegido vivir aquí. Son lazos muy poderosos y de esencia divina.

Conservamos la memoria de múltiples existencias y disponemos de la posibilidad de proyectar heridas, preguntas y dudas acumuladas vida tras vida y que están al servicio de la evolución del alma. Tenemos hermanos y hermanas de la misma familia que han decidido encarnarse en otro planeta. El Universo es muy vasto. Si el corazón está cansado o endurecido, si la conciencia está velada, es posible que uno no reconozca estos vínculos más allá de la Tierra y que se sienta solo. Pero no estamos solos: el recién nacido, el perro o el gato sí pueden sentir los lazos y vibrar cuando se da la comunicación...

---

1 Hara: centro vital del hombre.

Invitamos al hemisferio izquierdo a relajarse. Lo invitamos a una transparencia interior. Sugerimos a la energía del cerebro que se tumbe en la playa de tu conciencia. Te invitamos a recibir nuestra enseñanza a través de todos los centros energéticos. Por esta razón es importante relajar la envoltura física, respirar profundamente y mantener el enraizamiento. La conciencia y el cerebro establecerán asociaciones para comprender los mecanismos de reacción frente a determinadas almas con las que uno se ha encontrado en esta encarnación. Quizá el alma o la personalidad sientan cierta nostalgia. Acoge esta nostalgia.

Todo lo viviente a tu alrededor reconoce a qué familia de almas perteneces. Ahora te toca a ti reconocerla, respetarla y, si quieres, intensificarla. Proyectar tus condicionamientos familiares, sociales, personales o tu concepción de la familia o de la pareja en la amplia visión de la familia de almas te acarrearía muchos dolores de cabeza, porque los vínculos en el seno de esta familia son, por encima de todo, vínculos celestes, que existen más allá de la tercera, cuarta, quinta, sexta e incluso séptima dimensión. Es muy tentadora la idea de proyectar las leyes terrestres de separación a las relaciones entre almas. ¡Mucho cuidado! La enseñanza que te proponemos exige que amplíes, de manera continua, tu conciencia y avances más allá de la comprensión cartesiana de la familia, de la pareja, de los tríos o de los quintetos...

Abre el corazón, acrecienta la conciencia y retira el velo, porque ha llegado la hora del reencuentro.

¿Quién eres?

Introducción

No ser, no actuar es Ser. Ser es la acción justa.

Te damos la bienvenida a las vibraciones de tu familia de almas.

Esta obra aporta informaciones que pueden afectar al sistema de creencias que hasta el día de hoy has utilizado a modo de ancla. Vas a recibir también una enseñanza dirigida a la conciencia, el corazón y el hara, el centro de la acción, que conecta estos tres centros energéticos y conduce hacia el reconocimiento profundo de la propia esencia. Lo que te transmitimos reside más allá de la humanidad, más allá de las leyes terrestres; por eso resulta difícil acogerlo desde la encarnación. Hemos esperado expresamente muchos años para transmitirlo.

¿Quién eres?

Con esta pregunta no nos estamos refiriendo a la identidad matrimonial ni a la identidad social, sexual o terrestre. El alma es habitada por la divinidad, la chispa, la llama; es ella la que le confiere identidad. Existe en su esencia, que es la Fuente, y transporta una vibración, un sonido, un perfume, un tinte vibratorio, un color. Lleva consigo su identidad, plenamente fusionada con lo divino y al servicio constante de la Fuente a través de la familia de almas a la que pertenece.

Cuando el alma decide encarnarse, decide asumir su identidad vibratoria a través de una densidad mayor, la de la encarnación terrestre. Sea cual sea el código genético de la encarnación, el karma, el inconsciente asociado al Planeta y todo lo demás, *lo que verdaderamente importa es la identidad vibratoria del alma.* Esta identidad vibratoria es lo primordial en el seno de la encarnación. El código genético del alma es la divinidad y por este motivo anhela volver a la Fuente y convertirse de nuevo en destello divino. Este deseo innato de fusión la moviliza, porque está plenamente fusionada con su familia y con su identidad.

El alma crece cuando consigue vivir su identidad vibratoria a través de la densidad de un planeta y es eso lo que le permite volver eventualmente a la llama. Cuanto más experimenta el alma su identidad vibratoria en la encarnación, más se fusiona y encuentra las almas de su familia o de otras familias, contribuyendo así a que evolucione el universo de las almas. Por este motivo, es muy importante trascender la condición terrestre y ayudar al alma a vivir, a través de la densidad de la encarnación planetaria, el movimiento que entraña la vida desde la energía del amor y de la luz.

Tienes la posibilidad de saltar al vacío y soltar los condicionamientos y las heridas que reciben la influencia de tus recuerdos. ¡Tienes la posibilidad de saltar al vacío de esta enseñanza y correr el riesgo de descubrir tu identidad real!

¿Quién eres?

Has nacido de la Fuente, ya lo sabes. Lo comunican los libros espirituales, lo dicen los maestros espirituales. Has nacido de esta fuerza: la luz que se desprende de la Luz para elegir una identidad vibratoria denominada alma. Tu alma se dirige entonces hacia una familia de almas, cuya forma se podría comparar a una célula humana. Se integra en su familia y se posiciona en su seno. Y, si el alma escoge la vía terrestre, se encarna llevando consigo la vibración de su identidad divina, que está siempre presente. La vibración de tu familia, de tu identidad real a través de lo divino, está siempre presente, aunque haya caído en el olvido.

¿Por qué se ha olvidado? Pues porque ese olvido, ese coma temporal, está asociado al planeta Tierra. El alma pasa por el filtro terrestre, una densidad que ella ha elegido y que conlleva a olvidar sus orígenes celestes. Va evolucionando a través de todas sus experiencias, que representan otros tantos filtros. Puede suceder que la personalidad se convierta en una fuerza tal que el ego llegue a olvidar que el alma existe. Por eso tantos humanos nos preguntan: «¿Dónde está el alma? ¿Existe el alma? ¿Somos solamente un cuerpo físico que pasa por una experiencia y está destinado a abandonar luego el planeta?». Tu alma es muy real. De todos modos, esta realidad no es tangible para aquel que mira la envoltura física con ojos terrestres, que la toca y la zarandea esperando que el alma caiga al suelo.

El alma está unida a la envoltura física. ¿Lo sabías? El punto de unión se sitúa a la altura del corazón, a unos centímetros por encima del corazón físico, por delante y por detrás. Así pues, si quieres hablar con el alma de tu compañero o compañera, basta con que pongas delicadamente una mano en esa zona, cerca del timo, sin tocar la envoltura física, y podrás sentir la vibración de su alma. Este es el punto de unión entre el alma y la envoltura física.

No obstante, el alma no se limita a ese punto. Es mucho más grande que el cuerpo físico, mucho más grande que los cuerpos sutiles, mucho más grande que tu capullo de luz. No podrías existir en el planeta Tierra si tu alma no estuviera presente mediante este punto de unión a la altura del corazón y los pulmones, centro de la vida. Existes porque eres un alma encarnada, y esta alma, por el hecho de estar asociada a un planeta en el que se da la atracción terrestre, la gravedad, tiene cierto peso, cierta densidad que la hace palpable, que permite sentirla cuando colocas la mano a la altura de su punto de unión.

Te mantienes en relación telepática constante con tu familia de almas, la que no te rechaza, no te abandona ni te traiciona. No es terrestre, sino celeste. Está *siempre presente.* Cuando se encarna con diversos miembros de su familia, su destino es servir a la Fuente que te habita. Imagina que formas parte de la familia de sanadores, por ejemplo, y que has venido aquí para servir en el proceso de la sanación. Puede suceder que la identidad terrestre escogida sea la de médico y que, a pesar del título y de la profesión, no respete el servicio a la misión principal de la familia de sanadores. O que esta profesión y esta experiencia se mantengan al servicio del alma, de la familia y de la Fuente. Todo ello depende de la comunión, de la transparencia entre el ego y el alma.

Lo que tratamos de decirte es que tu profesión, la elección que has hecho de expresarte como alma encarnada en una sociedad y manifestar tu personalidad a través de una profesión, puede acercarse o alejarse de tu identidad celeste. Dependerá de la comunión existente entre tu personalidad y tu alma. No hay una profesión ideal para la familia de los sanadores, como no la hay para la familia de los maestros o cualquier otra familia de almas. La vibración de la identidad celeste emana incesantemente de todos, sea cual sea el nombre impuesto en esta sociedad. Podrías llamarte Dulzura y pertenecer a la familia de los guerreros.

Tu identidad terrestre es importante, claro está, porque es el filtro de tu encarnación. Sin embargo, hay que prestar atención para no extraviarse, porque cuando llegue la hora del gran viaje esta identidad se desprenderá como una piel gastada. Lo que permanecerá será la identidad real, presente a lo largo de toda la encarnación.

Así pues, ¿quién eres? Muchas personas nos han preguntado: «¿Cómo saber a qué familia pertenecemos? ¿Cómo reconocer nuestra identidad real?». De hecho, ya lo saben. ¡No te preocupes! Relaja el cuerpo físico, los hombros y la zona del ego. ¡Suelta lo que amarras! Basta con mantenerse receptivos. ¡Ya lo sabes, impregnado como estás del fluido de tu familia de almas! Tu esencia es la Fuente. Tu identidad es tu familia. Aunque lo hayas olvidado, aunque reniegues de ella. Se te adhiere al alma porque eres esta vibración. En este momento, es urgente restablecer los vínculos entre las familias y en el seno mismo de las familias. Deben conectarse conscientemente para intensificar la vibración y el alineamiento de la visión que yace en el seno de tu identidad. Vas a ser cada vez más y más consciente de tu familia de almas y vas a sentir su presencia.

Es, pues, muy importante que reconozcas tu identidad, no para alimentar tu personalidad sino para ayudarte a reconocer el amor y la luz que eres y la visión que has traído al planeta Tierra, la de tu encarnación. Estás aquí, tu alma está aquí, por un motivo específico, motivo al que nosotros llamamos la visión interior. Tu encarnación responde a un fin, tu posición en la familia y tu identidad tienen una razón de ser. No se trata de un juego ni de un azar. Has elegido servir a la Fuente y para ello te has puesto, cual una herramienta, al servicio constante del principio divino del que procedes en todo momento y lugar. Este servicio no es difícil. Es cierto que, si tenemos en cuenta el filtro de la encarnación terrestre, al ego y a la personalidad les puede parecer costoso servir a la Fuente, pero no lo es en absoluto.

Esto no implica dejar de lado a tu familia terrestre, todo lo contrario, cuanto más sanos sean los vínculos en el seno de tu familia terrestre, más preparados estarán el corazón, la conciencia y el hara para acceder a los vínculos, tan sanos y tan puros, de la familia celeste. «Lo que está arriba es como lo que está abajo y lo que está abajo es como lo que está arriba». No hay separación.

La familia terrestre que has escogido, las almas con las que has decidido crecer, no necesariamente forman parte de tu familia de almas. Pueden formar parte de otras familias. La casualidad no existe. Por eso es urgente que sanes los vínculos en el seno de tu familia terrestre, que disuelvas los antiguos odios, los antiguos resentimientos. Sana tu familia terrestre. ¡Sana! Alinea el corazón, la conciencia y el hara con todas las almas que conozcas y reconoce cuáles son las de tu familia. Tienes una misión concreta que se debe realizar en común y, además, tienes que crear lazos entre las familias.

Te invitamos a abandonar las resistencias, las heridas que causan pudor, dificultad de reconocimiento o rechazo de la identidad real.

Vas a sentir una desintoxicación de la energía cristalizada en el interior de tus chakras. También sentirás una desintoxicación de la energía asociada a tu familia de almas, que se aloja en el fondo de tu canal, que en sánscrito se llama *shushumna*[2]. Por esta especie de tuberías energéticas circula la vibración de tu familia y la energía residual de aquellas citas a las que uno no se ha atrevido a acudir, de las citas fallidas, de las citas frustradas. En los próximos capítulos profundizaremos en cada uno de estos aspectos.

La energía que sientes actualmente, debida al vórtice suscitado por el nuevo milenio, comporta una densidad mayor en el ámbito físico y en los planos terrestres, una forma de cristalización de las energías del miedo, el apego, el odio, la violencia y el afán de posesión. Y al mismo tiempo que esta densidad se vuelve más compacta y se cristaliza, la luz empuja con fuerza. Porque ahí donde la oscuridad aumenta, se intensifica la luz y se estimula el despertar de la conciencia, del corazón y de la acción justa en muchas almas que, como tú, están encarnadas.

De repente, las almas extraviadas en la *fisicalidad* pueden, gracias a este aumento de la densidad y de la sombra, abrirse a la conciencia, abrirse a lo esencial, dejar de dispersarse y volver a centrarse, enfocar la vibración de su encarnación en lo esencial, tanto en su interior como a su alrededor. La naturaleza misma de lo esencial es la verdad que anida en tu interior. Una verdad que sorprendentemente se parece a la energía del amor. Quizá no llames amor a tu verdad. Quizá hables de *elección:* de elegir la encarnación, elegir la luz en la vida cotidiana, elegir el amor por uno mismo y reconocer la propia divinidad, así como la naturaleza humana, con el fin de unir y alinear ambos aspectos, elegir la transparencia, dejar de aferrarse a todo aquello que obstaculiza las relaciones, que aprisiona el

---

2 *Shushumna*: palabra sánscrita que designa un canal vibratorio situado alrededor de la columna vertebral que es depositario de la fuerza vital, de la fuerza espiritual. En el hinduismo, esta fuerza vital se denomina *kundalini*.

corazón, la conciencia y la acción. Todas ellas son, al fin y al cabo, elecciones de amor. Es tu caso, pues has respondido al llamado de tu alma, al llamado de la luz que te habita, y por eso estás leyendo estas enseñanzas. En esta lectura vamos a dirigirnos a tu alma e invitar a la personalidad y al ego a que se vuelvan transparentes y reconozcan la vibración del alma, de la chispa divina que llevas en lo más profundo. Eres esta chispa divina.

El fluido del amor es lo que mantiene unido al Universo y a todos los universos. Las familias de almas forman un cuerpo vibratorio con centros que podríamos denominar chakras, creando así el universo de las almas, tu Universo.

Ejercicio

Con este ejercicio queremos invitarte a que tengas una relación más íntima con tu alma, a establecer un contacto que te permita entrar en comunicación, en comunión con ella, para que se abran las puertas de tu realidad celeste. El punto de unión de tu alma se encuentra en la encrucijada de caminos entre el más allá y el más acá. Cuando te sientas perdido y desorientado y te resulte difícil vivir la encarnación, restablece el contacto con tu alma, escucha y abre el corazón.

Respira profundamente, sin forzar el ritmo. Pídele a la personalidad y al ego que sean transparentes, que te acompañen en el pleno reconocimiento de tu identidad. Sigue respirando, consciente del aliento divino que habita en cada una de las células de tu cuerpo.

Coloca una mano en la zona del punto de unión del alma, es decir, a pocos centímetros de tu corazón, y deja que se mantenga a la escucha de la vibración de tu alma. Relaja el brazo, el codo. La mano está suelta. Los dedos pueden encogerse ligeramente, mientras la mano siente la vibración del alma. Aparta las creencias que te dicen que no sientes nada. Relaja los hombros y todo el cuerpo. Sé consciente de que tu mano está ahí y siente esas vibraciones.

Déjate impregnar por la energía que emana del centro de tu centro, del corazón de tu corazón.

Gracias a este sencillo ejercicio, tendrás acceso a toda la información necesaria para aliviar las penas, dar un sentido a la vida y centrarte en lo esencial.

CAPÍTULO 1

Si me contaran la encarnación...

Tu experiencia terrestre es un medio, no un fin o una limitación.

Has nacido de la Fuente. No existen palabras terrestres para describir a la Fuente divina. La única palabra es... Fuente. Podemos referirnos a ella como un sol radiante, como un mar de destellos en vibración constante, que todo lo abarca y que emite una vibración de amor incondicional. Tu alma, surgida de la luz, ha nacido de este sol con un código genético único: la divinidad de la que procede.

Esta chispa divina, este destello de luz que has sido y eres puede dividirse varias veces antes de atravesar el primer sas[3] vibratorio. Tiene la virtud de multiplicarse y, en un momento dado, puede elegir la vía de la identidad vibratoria, la vía del alma. En este caso, se pasa por un primer sas vibratorio, que es una puerta vibratoria a la que nosotros llamamos Alma Madre. En su periplo, puede atravesar dos, tres, cuatro, cinco, seis o siete sas vibratorios que irán afinando su identidad. ¿Su meta? Servir a la Fuente. ¿No es maravilloso?

El Alma Madre no es propiamente un alma: es el sas principal que surge de la Fuente, es pura vibración en la que se bañan las familias de almas. Con el fin de ayudar a comprender esta dimensión, podríamos decir que la chispa divina o destello de luz nace de la Fuente y que el alma nace del Alma Madre. En el sas del

3 Umbral o espacio de iniciación y tránsito. (N. del T.).

Alma Madre, esa emanación divina reviste el manto vibratorio que la acompañará en el transcurso de la encarnación y que recibe el nombre de alma. Unas almas pasan directamente del Alma Madre a su familia de almas. Otras atraviesan distintos sas vibratorios, que son como puertas a través de las que el alma transita para afinar y confirmar su identidad. Algunos de estos sas forman una especie de aglomerados, de cofradías de chispas divinas: son los ángeles, arcángeles, numinosas...[4] vibraciones que acompañan constantemente a las almas. Quizá algunos de ustedes sientan cierta afinidad con los ángeles o con los arcángeles, lo cual se explica fácilmente por el hecho de que el alma ha podido pasar por uno o varios de estos sas o puertas vibratorias para afinar su identidad. Así pues, en el seno de algunas familias hay almas que han experimentado un solo sas, mientras que otras han conocido dos, tres, cuatro o cinco.

Tu alma, habitada siempre por la luz, por la chispa divina, se dirigió hacia la familia de la que había decidido formar parte para servir a la Fuente y ocupó una posición concreta.[5] Algunas almas se dirigieron hacia el núcleo o centro de la célula familiar, depositario de la identidad de toda la célula. Otras, en cambio, se posicionaron en la franja que rodea al núcleo para ejercer funciones de filtro y de protección. Algunas se ubicaron en la franja que rodea al filtro con la misión de conservar el equilibrio dentro de la célula. Por último, hubo almas que se dirigieron a la franja periférica, que es la que sella y delimita la célula.

La familia, a su vez, dispone de una identidad que no puede compararse ni con el ego ni con el karma. Estos términos no existen en el más allá. Cuando vivas la experiencia de conectar con tu familia, tendrás que olvidar estas expresiones: ego, inconsciente, astral, personalidad... porque no puedes reducir la experiencia de

---

4 Conglomerado de chispas divinas que no se han revestido con el manto del alma (N. del T.).

5 Para una explicación más extensa de las distintas posiciones, ver Capítulo 3.

la familia de almas a la vibración terrestre ni proyectar en ella lo terrenal y sus condicionamientos. Todo esto está fuera de lugar. En el seno de esta familia has optado por encarnarte, junto con algunos de sus miembros, en la Tierra, para vivir el fin de un milenio y el nacimiento de otro. Luego (utilizamos esta expresión simplemente para que nos entiendas, porque el tiempo no existe en el más allá), sus almas se prepararon para esta experiencia de común acuerdo con sus guías de encarnación, acuerdo que pudo producirse en el interior de la familia o en determinados sas, y entonces decidieron «abandonar» el emplazamiento que ocupaban en la familia de almas para reunirse con su familia terrestre.

Empleamos la palabra «abandonar» aun sabiendo que no se adecúa a nuestra realidad celeste, porque como estás unido a ella en permanencia nunca la abandonas. Algunas almas son trasladadas, siempre en el seno del Alma Madre, a un lugar específico donde se encuentran con sus guías para «planificar» la futura encarnación. La familia de almas es una forma de membrana que contiene a todas las almas, aunque no siempre se localizan *dentro* de la familia, ya que pueden entrar y salir para realizar misiones concretas. El flujo es constante.

Decidiste, a continuación, encontrarte con otras almas y crear una familia según los criterios de la Tierra, con el papá, la mamá, etc. Una situación ideal, ¿verdad? Plenamente conscientes de que la separación no existe, llevando contigo la vibración y la identidad de tu familia celeste hasta la familia terrenal, empezaste a visitar a esta futura familia manteniéndote en relación constante con la de almas. El alma sabía, sabe y sabrá siempre que estás de paso en la Tierra y que la encarnación responde a un fin: la sanación interior, la trascendencia, la fusión con la divinidad y la experiencia de la familia de almas en la densidad de un planeta. Y también el del reencuentro con tus hermanos y hermanas de luz, para así tejer una tela, un tejido conjuntivo energético en el planeta Tierra que regenera y une innumerables circuitos en el Cielo y en la Tierra y a las familias entre sí, sembrando y llevando por doquier la luz y el amor, facilitando la reunión de los códigos genéticos de la personalidad y del alma, así como la fusión del más allá y el más acá, en tránsito... en tránsitos.

La identidad vibratoria de tu alma es fundamental. Cuanto mayor sea su reconocimiento, mayor será la capacidad de alinearse. A medida que vayas reconociendo y alineando tu acción en el seno de la célula, vas a recrear más y más los lazos de amor. A medida que vayas reconociendo a tus hermanos y hermanas de luz, vas a recrear la célula y las uniones potenciales en la densidad. Acordando este Planeta con los planos vibratorios celestes, unirás los Planetas entre sí, invitando al Universo a alinearse. El alineamiento exige desapego, purificación del ego y elevación de la frecuencia vibratoria. Entraña, además, una desintoxicación (debida a una especie de negatividad interior) y alinea los chakras, la sushumna, el corazón y la esencia.

Debes tomar conciencia de que, cuanto más redescubras la identidad propia de tu alma, de tu familia y de su misión, tanto más sembrarás y compartirás esta visión sobre el planeta Tierra. Esta toma de conciencia ayuda a las almas flotantes, aquellas almas que no reconocen su pertenencia a una familia y a las que les resulta difícil saber cuál es su misión. En la medida en que se reagrupen de forma consciente, en esa misma medida ayudan a que los demás se alineen con la visión que les es propia, y colaboran así en la realización de la visión planetaria. En el Universo todo tiene un sentido.

La identidad vibratoria de tu alma existe en el seno mismo de la Fuente. No hay separación entre las distintas familias ni tampoco entre tu identidad y la Fuente. Son **uno** desde el nacimiento de tu alma. Puede que, debido al filtro de encarnación terrestre, percibas una divergencia entre la condición humana y la divina. Te comunicamos que, antes que nada, en cada cosa y después de todo, somos **divinos**. Nuestra naturaleza es espiritual. La identidad del alma circula por tu sangre y por tus células. Es esto lo que eres.

Tu alma posee una vibración específica, una densidad vibratoria que le permite encarnarse y vivir con una envoltura física más densa que los cuerpos sutiles. Tu alma cobija la llama, la chispa divina desprendida de la Fuente. ¡Acuérdate! Eres esa luz, esa energía divina. La identidad vibratoria es importante no para envanecer al ego sino para guiarnos en la encarnación actual. Cuanto más reconozcan las almas esa identidad, más se alinearán a la hora de actuar, asociándose con otras almas que también aspiran a alinear su acción, la cual apunta por encima de todo a servir a la evolución, al amor, a la luz, a la llama interior, a la Fuente.

Nuestra intención es ayudarte a reencontrar el mundo del que desciendes. Tu alma está rodeada de otras llamas y se baña en el fluido de la familia de almas. En la densidad del mundo encarnado, ¡quizá solo tu perro reconozca la llama! Quizá el gato te mire fijamente o tu hijo se entretenga contemplando los destellos de luz que revolotean alrededor de tu coronilla.

Te invitamos a experimentar el momento presente y la fase actual de tu Planeta. Desarrolla la percepción de los vínculos con tu familia de almas, con las chispas divinas y con todos los seres de luz que te acompañan.

Ejercicio

Siéntate cómodamente, de ser posible con la columna vertebral recta, pero no tensa. Respira profundamente y que tu respiración, soplo de vida, llegue hasta todos los centros de energía. Reposa en la energía del corazón, de la conciencia y del hara. Invoca conscientemente la energía de los planos superiores de conciencia, de las familias de almas, y pídele que descienda hasta el fondo de tus raíces terrestres.

Te invitamos ahora a recitar un mantra, el mantra capaz de invocar a tu alma y tu familia. Se trata de una invocación vibratoria. La **A**, sonido del alma, unida a **UM**, el sonido universal, crea un lazo telepático entre el alma y su familia. Este mantra suscita el despertar, la emanación de las vibraciones de tu alma y el reconocimiento de tu identidad. Recítalo, déjate llevar por su vibración, déjate acunar por este canto sin perder el enraizamiento.

Preguntas

P.—¿Puede encarnarse la chispa divina?

R.—No, porque no dispone de identidad vibratoria, no lleva puesto el manto del alma. Es pura vibración.

P.—La chispa divina, ¿es la misma en el más allá que en el más acá?

R.—Es la misma vibración, tanto si escoges la luz como la oscuridad, la Tierra o el Cielo. La chispa divina es incondicional y eterna. Es la esencia, es el código genético de tu alma.

P.—¿Por qué algunas almas deciden pasar por un solo sas vibratorio mientras que otras pasan por varios?

R.—Por necesidad de afinar su identidad. Los sas afinan, es decir, «personalizan» la identidad. El alma que atraviesa diversos sas vibratorios se vuelve más sólida, su identidad vibratoria es más «densa», más fuerte, lo cual facilita la encarnación terrestre. **Eso no está ni bien ni mal, es así.** Dicha densidad puede servir al alma en la luz o en la oscuridad, porque esa densidad puede llevarla a que se «separe» de su luz. Tal como decíamos, la densidad favorece la encarnación terrestre; ahora bien, se corre el riesgo de que el alma se extravíe en una densidad demasiado fuerte. El alma que solo ha pasado por un sas es más «ligera», está más cerca de la chispa divina, su identidad es menos firme, más transparente. En consecuencia, la encarnación terrestre resulta más costosa y estas almas están imbuidas del anhelo de abandonar este plano y regresar al mundo del que provienen.

P.—¿Hay que volver a convertirse en chispa divina para cambiar de familia de almas?

R.—Lo recomendamos encarecidamente, porque es más fácil ese camino y fundirse de nuevo en la Fuente antes de cambiar de familia de almas.

P.—Para convertirse en chispa divina, ¿es preciso alcanzar el anillo exterior?

R.—No, porque entonces se produciría una especie de congestión, de embotellamiento en el anillo exterior. No estás obligado a experimentar las posiciones más ligeras. Puedes pertenecer al núcleo[6] y vivir una transmutación tal que te envíe allí directamente. Deberías saber que la posición en la familia no es una cárcel.

P.—¿Podrías hablar más acerca de la «densidad» del alma?

R.—El alma tiene cierta densidad. No es igual que la madera, pero podríamos utilizar esta comparación como ejemplo. Es esta densidad la que le permite encarnarse. Si pudieran ver el alma y tuvieran la oportunidad de contemplarla cuando abandona la envoltura física, en la experiencia de lo que ustedes llaman la «muerte», verían que del cuerpo de la persona se desprende una energía similar a la escarcha, una especie de nebulosa. Si colocaran la mano, sentirían una ligera densidad, la del alma en tránsito que se eleva. Podrían palparla, percibir incluso su olor, no el olor del cuerpo sino el del alma. También captarían su color vibratorio y sentirían su presencia, ya que el alma se acercaría y los acariciaría al partir. En esta densidad ligera existe la llama, la chispa divina. Eso son ustedes. La Fuente misma.

Supongamos que el alma fuera algo opaco y que, de encarnación en encarnación, decidieras pasar por determinados periodos de transmutación para purificarte. Poco a poco, el alma se iría

6 Para una explicación más extensa, ver Capítulo 3.

volviendo cada vez más transparente, hasta llegar a ser como un velo translúcido. Tú continuarías siendo un alma depositaria de la chispa divina. Esos espacios o periodos de transmutación te conducirían a una transparencia total que revelaría tu esencia y ello te permitiría volver a ser chispa divina, fundirte con la Fuente y renacer de nuevo. ¿No es maravilloso?

P.—¿Por qué tantas almas desean irse y abandonarlo todo?

R.—Son libres y en cualquier momento pueden decir: «¡Basta!», «¡Adiós!». Son libres. Algunas almas intentan marcharse y regresan, otras se van y no vuelven. Las visiones respectivas de cada familia y de las almas que la componen no se oponen unas a otras. Las almas forman un todo, y su objetivo primordial es servir a la Fuente. Las almas que eligen la oscuridad y deciden servir a la destrucción también son portadoras de la chispa divina. ¿Cuál es, pues, su responsabilidad como almas encarnadas? ¡Reconocerse! No se pueden imaginar la potencia que se manifiesta cuando el ego acepta el reconocimiento de la identidad del alma; al que sigue inmediatamente el reconocimiento de la identidad terrestre sin perjuicio alguno. La visión es servir, así pues, ¿qué forma de servicio elegirá tu grupo de almas? Esa es la cuestión.

P.—¿Es preciso morir para volver a ser chispa divina?

R.—En el más allá, existen sas vibratorios, estructuras vibratorias por las que atraviesa el alma para depurarse, disolver capas y aligerar su densidad; mediante estas etapas de transmutación, el alma se vuelve más y más transparente hasta convertirse en luz primigenia. Los sas vibratorios también pueden vivirse en la encarnación. Te pondremos un ejemplo: la muerte clínica. Algunas entidades que pasan por la muerte clínica transmutan su vibración y regresan al mundo encarnado con una visión más clarificada o a veces incluso completamente realineada. No estamos refiriéndonos al fenómeno llamado *«walk-in»*, al cambio de alma en la envoltura física; estamos hablando de la misma alma en la misma envoltura. Si la persona, por ejemplo, recibe un golpe en la cabeza y entra en coma, el alma podría aprovechar ese espacio para vivir determinadas etapas de transmutación. En ocasiones, el alma decide partir y no volver al plano terrestre. En otras, decide proseguir con la encarnación y despertar del coma; su densidad será entonces mucho menor, puesto que habrá modificado su alineamiento y habrá conectado con su visión.

P.—¿Se trata de un proceso infinito? ¿Se pasa de una familia a otra sin cesar? ¿Existe un punto final?

R.—La palabra «final» no se aplica en el más allá porque el tiempo no existe. Resulta difícil, desde la perspectiva del tiempo terrestre, imaginar que ahí donde estamos el tiempo no exista. Distinguimos entre las chispas divinas y las almas. Estas entidades vibratorias evolucionan unas al lado de otras. No están separadas, porque ustedes también son chispas divinas. No ocurre del mismo modo que en la encarnación terrestre, que tiene un principio y un final. El ciclo de la encarnación también tiene un principio y un final. Los hábitos no tienen nada que ver con el alma. No se puede proyectar la dimensión terrestre en el universo de las almas. ¿Se acabará la Fuente? ¿Dejará de obrar en breve plazo? ¿Está a punto de completarse su ciclo? ¿Se pondrá un punto final a la Fuente? ¿Qué respuesta se le puede dar a estas preguntas? Permanecen en la eternidad. Claro está que a ustedes, seres encarnados, la eternidad les puede parecer muy larga, porque proyectan en ella la dimensión terrestre.

Cuando decimos que las almas pueden terminar el ciclo de la encarnación, alcanzar la iluminación y escoger el regreso a la Tierra, las almas encarnadas exclaman: «¡No, de ninguna manera! ¡Esto es terrible!». Y nosotros contestamos: «¡No, en absoluto, en absoluto! El alma está contenta de volver otra vez para servir». ¿Comprenden qué grande es la diferencia de matiz?

P.—¿Por qué algunas almas sienten más afinidad con el arcángel Miguel y otras la sienten con otros ángeles?

R.—Algunas almas están más asociadas que otras a determinadas vibraciones que las han guiado en muchas encarnaciones e incluso más allá de la encarnación: ángeles, arcángeles, etc. Esta asociación vibratoria no está forzosamente relacionada con el hecho de que el alma haya atravesado un sas.

Las células del manto del alma pueden acordar con una vibración específica, nuestra vibración, por ejemplo, que es un cúmulo, un reagrupamiento de chispas divinas denominado arcángel, denominado conciencia arcangélica, denominado simplemente Miguel.

P.—¿Podrías decirnos qué es un egregor?

R.—Es un reagrupamiento de chispas divinas o de almas. El egregor no es un sas. Sin embargo, en el egregor puede haberlos, porque los sas son espacios de iniciación, fases de tránsito.

CAPÍTULO 2

¿A qué familia pertenezco?

Reconocer la propia identidad contribuye a que los demás también la reconozcan.

¿Cuáles son las familias de almas que han elegido obrar *y* encarnarse en la Tierra en este nuevo milenio? Vamos a nombrar las principales familias que, en este momento, están influyendo en nuestro Planeta. ¿Cómo saber a qué familia pertenece uno? ¿Cuál es la identidad profunda? Por encima de todo, la divinidad, la llama que te habita. Presta atención cuando describamos a las distintas familias, porque es posible que haya una que te atraiga más que las demás, una que se active en resonancia inmediata con los deseos que anidan en la profundidad de tu ser.

Antes de empezar, te pedimos que relajes la envoltura física y que respires profundamente. Ahora no necesitas al ego para nada. Continúa respirando consciente del soplo divino que te anima y que une la parte superior con la inferior, el lado derecho de tu cuerpo con el lado izquierdo, el yin y el yang; que une, mediante la respiración, el alma con la personalidad, el cielo con la Tierra. Deja simplemente que la vibración de las palabras resuene en tu interior y observa el movimiento de tu alma.

La familia de los maestros

Actualmente existe en el planeta Tierra una familia que nosotros llamamos la de los Maestros. En su seno residen, entre otros, los

Maestros Ascendidos. El objetivo de la existencia de estas almas es **iniciar el movimiento**. Cuando se encarnan y la personalidad asegura la transparencia, se convierten en dirigentes, en iniciadores de algún movimiento, ya sea en la luz o en las tinieblas.

¿Suscita eso alguna reacción en ti? El juicio no existe en el más allá. Tu alma es libre en todo momento. A través del filtro terrestre, puedes optar por el amor y la luz. Tienes igualmente la posibilidad de unirte al *desamor* y a la destrucción; tu identidad se pondrá al servicio de tu elección. En ambos casos, continuará habitando en ti la llama divina. La luz no desaparece extrañada por tu decisión, porque, como la Fuente, es incondicional. Te acompañará hasta que transformes esa elección. Eres libre y en esta libertad consiste tu iniciación. Muchas almas de este mundo nos dicen que preferirían estar encarceladas. Para ellas sería más fácil vivir así, porque conocerían los barrotes de su prisión y dispondrían de referencias. Mientras que la libertad las obligaría a elegir. Esta precisión no solo se aplica a las almas que pertenecen a la familia de los maestros sino a todas las almas, sea cual sea su familia.

Volvamos, pues, a la familia de los maestros; la vibración que llevan consigo las almas que eligen encarnarse en el seno de esta familia es la de iniciar el movimiento. Ahora bien, en la densidad de la encarnación, tal vez el alma no deje de pedir «Por favor, permíteme iniciar el movimiento» y se tope con la resistencia de la personalidad hasta los cincuenta y cuatro años, y sea entonces cuando suelte aquello que amarra y decida responder a la visión interior iniciando un movimiento; la forma que adopte ese movimiento no tiene ninguna importancia. Todo ello está exento de juicio.

Para estas almas, una de las pruebas de la encarnación es el ego y las distorsiones posibles de su condición de maestros: la atracción por el poder, por la manipulación. Porque el maestro es aquel que dirige, que transmite, que muestra el camino, que debe iniciar el movimiento a partir del amor y, sobre todo, de la humildad. El maestro no necesita de ningún título porque sabe que lo es.

Por naturaleza, en todas las células de su envoltura física, es maestro no solo con respecto a su vida sino con respecto a todo lo que toca, lo cual comporta una gran responsabilidad. Algunos pueden vivirlo como un peso, otros pueden rechazarlo, no respetar esa energía y distorsionarla con sus actos. A estas almas, la encarnación les exige comprometerse. El alma sabe a qué familia pertenece, conoce su naturaleza y su identidad. Si la personalidad decide errar, ¡el alma la obligará al compromiso! La fuerza que la anima en la encarnación puede hacerlo volar todo por los aires, derrocar todas las estructuras para favorecer el alineamiento total.

Muchas entidades esperan a los maestros para ser iniciadas. Son almas pioneras, que abren camino. No deberían tener miedo de manifestar la abundancia material en su vida, porque necesitan esta base para señalar el Camino. La fuerza del maestro se expresa tanto en el hacer como en el *no hacer.* Si se mantiene en su centro, si conserva la serenidad, su impacto es mucho mayor, ya que la fuerza vibratoria que habita en su alma es tal que bastaría con que pronunciara una sola palabra en toda su vida, en el momento adecuado, para cumplir su misión. Así es el maestro, el que inicia en el camino.

La familia de los sanadores

Existe una gran e importante familia que engloba a muchas almas. Cuenta con muchos núcleos y se ha escindido para formar otras familias. Se trata de la familia de los sanadores. Las almas que la componen **transmiten el fluido de la sanación y lo prodigan de todas las maneras posibles.** Estas almas han recibido muchas iniciaciones en sus manos, su corazón y su conciencia. La energía de la sanación impregna todas sus células. No deben buscarla en el vecino ni en cualquier pócima mágica, pues vive en su interior. Algunas técnicas la amplifican, y las iniciaciones recibidas aumentan la expansión y la transmisión de ese fluido. Los miembros de esta familia no solo lo contienen sino que también lo canalizan y lo esparcen. Este fluido es operativo aunque no hagan nada; ahora bien, este don se intensifica cuando se es consciente de él. ¡Es urgente, pues, que las almas que forman parte de esta familia abran los ojos a esta realidad! En ocasiones, los sanadores que se acercan a nosotros con las manos en los bolsillos obtienen respuestas algo irónicas a sus preguntas. ¡Menudos sanadores, con las manos en los bolsillos! ¡Qué despilfarro! Cuando estas almas colocan descuidadamente la mano sobre un amigo o una planta, por ejemplo, el fluido de la sanación circula y surte efecto. Ya podrían argüir todas las razones del mundo para bloquearlo, pero, a pesar de todo, activarían la sanación.

Es muy fácil reconocer a sus componentes, porque todos se resisten a la sanación. Corre por sus venas, pero su mayor dificultad consiste en reconocerla; creen que deberían buscarla en el exterior y les parece que el otro es mucho mejor sanador que ellos. Una de las pruebas que acechan a las almas encarnadas de esta familia es el ego, el ego inflado o desinflado del sanador. O se subestiman o se sobreestiman. El fluido de la sanación es muy potente y esto puede constituir un riesgo. Gracias a este fluido, sus almas vibran y son muy poderosas, y a la personalidad le resulta fácil aprovecharse de ello. No obstante, no son víctimas de nada ni de nadie, pues esto forma parte de su aprendizaje en la encarnación. Estas almas no solo sanan a los seres humanos, sino también a las plantas, a los animales o a los objetos que creemos inanimados. ¡Sanan todo lo que tocan! Son las depositarias del fluido de la sanación.

Muchos sanadores padecen enfermedades por el hecho de no reconocer este fluido. ¡En casa de herrero, cuchillo de palo! Es necesario que estas almas reconozcan y asuman su realidad, porque cuanto más soslayen esta cuestión, más enfermedades tenderán a generar. Resistirse a este fluido provoca bloqueos que en la encarnación se manifiestan en forma de desequilibrios físicos.

¿Por qué es tan importante esta familia? Parece gozar de mucha popularidad en el más allá. Se ve que muchas de las chispas divinas que nacen de la Fuente y revisten la identidad del alma se dirigen hacia la familia de los sanadores y que muchas almas de esta familia han elegido encarnarse en este nuevo milenio. ¿Sabrías decirnos por qué motivo? Fácil de adivinar, ¿verdad? ¿No será que este Planeta necesita ayuda?

La familia de los guerreros sanadores

Estas almas, como todas las demás, han nacido de la luz, de la Fuente. Escogieron la familia de los sanadores y, cuando se produjo una escisión en el seno de esta familia, su identidad se sintió intensamente llamada a reagruparse con otras almas para crear una familia responsable de la protección del fluido de la sanación en el universo de las almas y en el resto de los universos planetarios. Se convirtieron así en guerreros sanadores y fortalecieron su identidad. Se encargan, en cierta medida, del alineamiento de la sanación allí donde estén, ya sea en el universo de las almas o en el de la Tierra. Ahí donde se encarnan **alinean el fluido de la sanación, lo protegen** y **lo defienden** de cualquier ataque de energía incompatible. Actúan allí donde ese fluido no puede penetrar. Tienen un gran sentido de la responsabilidad y es preciso que vayan con cuidado porque suelen acumular mucho peso en sus hombros y pueden caer fácilmente en la tentación de salvar a todo el mundo. Esta es una de las pruebas de su encarnación.

Necesitan buenas bases y son capaces de materializarlas. Utilizan símbolos específicos, anillos o collares con un significado determinado, por ejemplo. Se rigen por un código común y no les disgusta llevar tatuajes. Son muy sólidas porque han recibido una iniciación de la familia de los guerreros con la finalidad de reforzar su condición de guerreros, de guerreros al servicio de la sanación.

Los guerreros sanadores son los protectores del fluido de la sanación en el Universo. Están presentes y actúan donde se distorsiona la utilización de este fluido, ya sea en el más allá o en el más acá. Estas almas velan por que el fluido sea canalizado en su máxima pureza: la energía del amor.

La familia de los chamanes

De la familia de los guerreros surge también la de los chamanes, que está todavía en fase de evolución; no está estabilizada del todo porque aún existe la posibilidad de una nueva división. Estas almas han decidido, entre otras cosas, acompañar al fluido del chamanismo en el planeta Tierra. Se dedican continuamente a equilibrar los fluidos del Planeta con los fluidos interplanetarios. No se encarnan necesaria y exclusivamente en el pueblo amerindio: el chamán puede ser ruso, yugoslavo o chino. En el más allá los credos brillan por su ausencia. El chamán es la vibración propia del alma, y su misión es **ayudar a que el Planeta y todos sus elementos sanen y alineen sus vibraciones.**

Estas almas son transmisoras del fluido de la transformación. Son capaces de transformar la envoltura física, de transmutar los órganos internos y sus cristalizaciones o las plantas para extraer sus propiedades, siempre al servicio del fluido de la sanación.

Como su familia de origen es la de los guerreros, es normal que incorporen este fluido y hagan uso de él para transformar y transmutar la energía del Planeta. Las almas de esta familia son numerosas y pueden reconocerse y conversar telepáticamente entre sí. Necesitan enraizarse en lugares precisos para activar, desde ahí, la sanación en el planeta Tierra. Si supieran utilizar plenamente la identidad de su alma, prescindiendo de todo juicio, podrían desplazarse a través del tiempo y el espacio con el cuerpo físico. Podrían, por ejemplo, materializarse en el desierto de Nevada para reunirse con otros chamanes. Disponen de esta facultad de transformación y de transmutación en la densidad para servir al fluido de sanación y al chamanismo.

Una de las dificultades con las que se topan durante su encarnación es la de quedar absorbidos por la *fisicalidad*, abrumados por su peso. No nos referimos al peso físico sino a la opacidad personal. Corren el riesgo de olvidar que arde en ellos el fuego de la transmutación, de olvidar quiénes son, pasando por alto el fluido de sanación que las caracteriza, su naturaleza guerrera y su capacidad de transformación. Estas almas se valen de rituales y símbolos sin saberlo siquiera. Es necesario que sean conscientes de las señales que pueblan su camino y que muestren más respeto por los elementos que les rodean: el agua, la tierra, el fuego, el cielo, el aire, las nubes, etc.

El chamán debe trabajar con ayuda de su envoltura física. Le es muy útil en su encarnación terrestre. Negarlo provocaría fugas de energía vital: caída del cabello, uñas y dientes, problemas de piel. Estas almas transmiten sin cesar el fluido de la sanación, están en transformación constante y su cuerpo les sirve de canal, de herramienta.

La familia de los sanadores enseñantes

Te presentamos a continuación la familia de los sanadores enseñantes. Estas almas **enseñan la sanación en todas sus formas,** *todas sus formas.* Hablan de la sanación y enseñan la sanación, sea cual sea su identidad terrenal. Ahora bien, ¿con o sin permiso del ego? Si no lo permite, el alma presiona. Su identidad emana de todos los poros de su piel, porque su existencia va mucho más allá del ego.

La familia de los guerreros

Esta familia no es originaria de la de los sanadores. La esencia propia del guerrero es proteger, aunque eso no quiere decir que el alma se encarne con una armadura. Los guerreros son los protectores de la energía, ya sea de la energía luminosa o de la oscura. Para estas almas no existen las medias tintas. Si así lo deciden, protegerán la vibración de la luz, la vibración del alma. Quizá notes que, en el curso de su encarnación y de su aprendizaje terrestre, tienden a ejercer el rol de salvadores. Ahora bien, cuando el alma del guerrero se reconoce más allá de la tercera dimensión, actúa sin pretender salvar el mundo entero.

Estas almas necesitan encarnarse, en el plano terrestre o en otros. Se sienten impulsadas a sembrar la compasión a través de la densidad del planeta escogido. La misión de esta familia consiste en defender, trabajar, actuar para frenar la oscuridad y proteger el universo de las almas. Esta acción es magnífica, de una entrega y un amor total y enraizado. Muchas de las almas de esta familia, olvidando su origen celeste, se convierten en «guardaespaldas», llevan armas y se pierden en la segunda dimensión.

Es fácil distinguir a los guerreros porque no son muy sociables. Acostumbran a ser más bien huraños y a encerrarse en su coraza, pero siempre están dispuestos a defender o a salvar. Encontrarás a muchas almas de esta familia practicando artes marciales, porque estas artes están basadas en la energía guerrera característica de su familia. No obstante, tienen un gran corazón. Por eso, para los miembros de esta familia, la encarnación es un periodo delicado y una gran prueba. Aunque percibas que a la personalidad le ha faltado tiempo para acorazarse, rebosan amor. Deben aprender a conservar esta energía de amor aunque sean guerreros, defensores, protectores, guardianes del umbral.

La familia de las hadas alquimistas

En el universo de las almas existe una familia especial: la de las hadas alquimistas. Estas almas se encarnan en el planeta Tierra para **espiritualizar la materia.** Algunas de ellas están muy cerca de los ángeles porque, aunque pertenezcan al núcleo de su familia, no son muy densas. Al contrario, son bastante ligeras y se pasan la vida revoloteando como las mariposas. Les cuesta mucho integrar su envoltura física y suelen resistirse a la encarnación.

En el ámbito de la *fisicalidad* gozan del don de desmaterializar todo lo que tocan. Podrían atravesar las paredes con la envoltura física, lo cual explica sus problemas con las llaves o los picaportes de las puertas, ya que olvidan que no las necesitan. Espiritualizan todo lo que tocan y elevan automáticamente su vibración. Ante una densidad, actúan mediante la difusión de ondas que emanan de su cuerpo. Logran encarnarse desde la más temprana infancia.

Estas almas dan la impresión de estar en la luna, como ausentes, igual que la imagen que tenemos de las hadas. Han elegido encarnarse no porque les guste la densidad, en absoluto. Han venido porque su presencia contribuye a transmutar la materia. Podríamos decir que son auténticos transformadores vivientes. Su capacidad de volatilizar cantidad de cosas sin siquiera darse cuenta de ello hace que tengan la sensación de perderlo todo. Estamos bromeando, pero este ejemplo, aunque exagerado, se aproxima bastante a su realidad. Les parece estar arraigadas cuando, de hecho, están volando, y les cuesta delimitar lo que va arriba y lo que va abajo. Su principal dificultad, al encarnarse, reside precisamente en eso, en encarnarse. Si consiguen conocerse mejor y saber quiénes son, pueden aplicar su poder y utilizarlo en la sanación, en la comunicación, en todos los oficios y profesiones del mundo. Pueden transmutar todo lo que está a su alrededor, lo cual significa enfocarse en un estado vibratorio y activarlo de tal manera que pierda su identidad para fundirse con el principio divino. El amor es la clave definitiva de la transmutación.

¿Por qué motivo están presentes aquí estas almas en este cambio de milenio? Porque son las encargadas de transmitir la siguiente enseñanza telepática, verbal y oralmente: «¡Despierten, queridas almas, porque pueden espiritualizar la materia!». Esta es la razón de su existencia y esta es su identidad real.

La familia de la comunicación

Estos mensajeros **se dedican a comunicar y a transmitir el amor de muy diversas formas:** mediante el arte, la canción, la literatura, el teatro... En este momento hay muchos en el globo terráqueo. Los hallas en cualquier ámbito o profesión, como escritores, poetas, periodistas, músicos, etc. Estas almas se distinguen, entre otras cosas, por el hecho de no estar atadas a la *fisicalidad*. Esto no significa que algunas de ellas no se sientan atraídas por los bienes materiales; ahora bien, la mayoría tienen un solo objetivo: comunicar, hacer que el mensaje sea accesible como sea: a través del canto, el baile, la escritura, el arte. Todo sirve para comunicar.

Estas almas no destacan por su enraizamiento, por ello pueden introducirse con facilidad en el mundo de las drogas. Su ligereza no las ayuda precisamente a encarnarse. Para ellas, la *fisicalidad* no tiene ninguna importancia, comparada con el arte de la comunicación y la expresión artística. Por eso, en el seno de esta familia hay muchos artistas que, en el periplo de la encarnación y la personalidad, olvidan que, por encima de todo, son comunicadores y no necesariamente de la forma que impone la sociedad.

La familia de los enseñantes

Estas almas enseñan todo lo que puede enseñarse, toda suerte de conocimientos y experiencias. Enseñan el amor, la luz, la pérdida de las ilusiones, la escucha, lo importante que es vivir el ahora... Esta familia consta de dos núcleos[7], dos filtros, un equilibrio y dos franjas periféricas; sin embargo, es estable. A la larga es posible que se escinda y se creen dos familias igualmente estables. Algunas almas decidirán experimentar esta división para ejercer una acción

7 Para una explicación más detallada, ver el Capítulo 3.

más precisa y directa, lo cual podría producirse entre los años 2020 y 2040, asociado a la evolución del Planeta.

Las almas de esta familia **poseen y transmiten el fluido del conocimiento,** fluido que las identifica plenamente. En su condición de almas encarnadas, van detrás de la verdad, del conocimiento y su anhelo de transmisión es grande. Son **los guardianes del conocimiento** difundido en los distintos Planetas. También se los podría denominar «los guardianes del umbral». Esta familia administra el cúmulo de conocimientos de todo el Universo. Su psique disfruta de la virtud de ir a consultar los archivos akásicos, auténticos depósitos de la diversidad de conocimientos existentes. En el planeta Tierra, se presentan como estudiosos de la numerología, la Kábala o lenguas clásicas, como el sánscrito, todo ello con el fin de transmitir toda la sabiduría que almacenan.

Si la transmisión del conocimiento sigue un camino tortuoso y *se distorsiona,* puede que esta familia sienta la necesidad de escindirse y crear otra familia cuya intención sería la de actuar como guerreros del fluido del conocimiento, en claro paralelo con los guerreros del fluido de la sanación.

Estas almas son fáciles de reconocer. Enseñar las colma de una gran alegría porque esta es su vocación, sea cual sea la forma que adopte. La etiqueta de enseñantes no les hace ninguna falta: lo son por naturaleza, pues canalizan constantemente el fluido del conocimiento. Cuando vislumbran la identidad de su alma, pueden recibir gran cantidad de informaciones desconocidas en el planeta Tierra y divulgarlas. No deberían dudar en canalizar el conocimiento y retransmitirlo. Para ello, basta con que canalicen el fluido que impregna su alma.

Nos gustaría añadir que, en la *fisicalidad,* estas almas sienten a veces el impulso de crear centros en determinadas zonas geográficas para impartir sus enseñanzas. Si este es tu caso, no lo dudes y materialízalo.

La familia de los barqueros

Esta familia proviene de un desprendimiento, de una escisión de la familia de los sanadores, aunque no se asocie con ella. Se mantiene muy estable, y esta estabilidad es esencial para su acción. Los barqueros tienen una misión específica: **en el más allá ayudan a las almas en tránsito por los diversos sas vibratorios que deben atravesar.** Están muy cerca de los sas angélicos y arcangélicos, de los sas de los maestros ascendidos y también de las chispas divinas. **Aquí abajo, asisten en los múltiples cambios que se dan en el Planeta: el paso de la infancia a la adolescencia o de un empleo a otro, el cambio de milenio, el tránsito de la muerte...** Facilitan la experiencia del cambio, que es una época de evolución especial.

Las almas que la componen han pasado por un solo sas vibratorio. Por eso su identidad no está tan consolidada como la de otras almas, puesto que deben salvaguardar constantemente la transparencia necesaria para asumir su función en el más allá, es decir, ayudar a que las almas pasen de chispa divina a alma y afinen su identidad.

Los barqueros también ayudan a la familia de los chamanes colaborando en el equilibrio de las transformaciones, de los cambios en el universo de almas, y están muy ocupados. Entablan a menudo comunicación con el más allá y la noche es el momento más propicio para ello. Durante la encarnación podrían exclamar al levantarse: «¡He trabajado duro esta noche!» y sería verdad, porque no paran nunca. De ahí la importancia de cuidar de su envoltura física, porque trabajan día y noche.

Sienten con frecuencia la nostalgia del más allá y algunas, abrumadas por ese sentimiento, se extravían recurriendo a las drogas y sustancias alucinógenas para contrarrestar esta nostalgia, pues no saben qué hacer con ella. Otras anhelan morir e incluso volver al estado de pura chispa divina, porque la identidad vibratoria de su alma no les interesa demasiado. Bordean el mundo de la no identidad, de la vacuidad divina, y eso puede mover a confusión, sobre todo para el alma encarnada. Como son muy fluidas, algunas intentan que su envoltura física se vuelva pesada, para evitar esa sensación de flotar. Necesitan enraizarse bien para actualizar al barquero que llevan dentro. Otras, con un cuerpo físico extremadamente delgado, por no decir casi transparente, deberán persistir en el enraizamiento a pesar de su débil constitución.

Por su identidad vibratoria, estas almas gozan de una gran cualidad: querer ayudar a las almas en todo momento y lugar. En cuanto alguien las necesite, que solicite su ayuda y acudirán sin falta. Las caracteriza una gran disponibilidad, de día y de noche; se entiende, pues, por qué algunas de ellas se extravían en el papel de salvadores. Los barqueros atraen a las almas errantes, que no tienen identidad o que la han perdido. Esas almas se dirigen a ellos porque los reconocen del más allá, pues fueron ellos quienes las ayudaron a afinar su identidad vibratoria. Son barqueros de amor, y el amor es lo único que cuenta y los alimenta.

La familia de los iniciadores de conciencia

La acción de estas almas es fugaz. Llegan para un periodo de breve duración con el fin de despertar la conciencia en el planeta donde se encarnan. No desencadenan ningún movimiento que no sirva para concientizarse de algo. Aparecen simplemente para despertar la conciencia y a menudo lo hacen con una muerte espectacular, para volver y marcharse otra vez.

Están presentes en las catástrofes colectivas, en lugares donde se producen terremotos, accidentes, huracanes. **Inician movimientos de conciencia mediante su vida y su muerte al partir del Planeta.** Forman parte de aquellos episodios trágicos en los que una gran cantidad de seres son asesinados o torturados y abandonan la Tierra de manera brusca y violenta. Estas almas escogen manifestarse así para despertar la conciencia de los humanos.

Una mente estrecha considerará que esto es una auténtica locura, ¿verdad? Sin embargo, les exhortamos a acrecentar su conciencia. Estas almas vienen para ponerse al servicio de la evolución del Planeta.

La familia de los pilares

Cabe mencionar a una familia cuyas almas son llamadas pilares. Son pocas las que están encarnadas actualmente en el Planeta y permanecen en comunicación constante con otros planetas. Su densidad es considerable. Cuando un pilar (y nos referimos ahora al alma dentro de su envoltura física) se sienta al lado, se advierte su presencia de inmediato. Vienen para **enraizar los planos celestes en la profundidad de la Tierra y recrear las conexiones entre los lugares sagrados del Planeta.** Y, aunque la personalidad no lo sepa, el alma actúa.

Actúa donde la materia o el Planeta lo requieran. Están muy atareados y no dejarán de estarlo, porque velan por el equilibrio y la unión, estabilizando las energías y creando nuevos circuitos energéticos, sobre todo en aquellos planetas sujetos a cambios decisivos, como la Tierra en este momento. Vayan donde vayan, enraízan la energía del más allá en el más acá. Son los encargados de arraigar las vibraciones de la Fuente.

Estas almas se encarnan en lugares estratégicos del Planeta con la función de ser pilares. En su domicilio crean, canalizan y organizan los meridianos interplanetarios. En ocasiones, les cuesta desplazarse porque deben realizar una acción concreta allí donde han decidido encarnarse. Ahora bien, son capaces de trasladarse a aquellos lugares que requieran su presencia y esto puede desconcertar al ego, que quizá no entienda por qué, de repente, el alma presiona para ir a Yucatán o al Tíbet.

Una de las dificultades de su encarnación tiene que ver con la envoltura física. Como su acción es muy exigente para con su cuerpo, deben cuidarse mucho en términos de equilibrio alimentario: aporte de minerales, proteínas, vitaminas y aminoácidos. ¡Es realmente importante!

Esta familia posee quince núcleos, lo cual implica una gran fuerza de mutación y de transmutación. Se parece a un navío. En una fase determinada se producirá una escisión, no ahora sino cuando llegue el momento. Los pilares se pasean por las familias de almas y vigilan los movimientos de la energía. Se comunican continuamente con el universo de las chispas divinas. «Patrullan» por la periferia del universo de todas las familias de almas. Por eso dispone de tantos núcleos, para moverse a lo largo y ancho del Universo.

Cuando estas almas eligen la encarnación, precisan de la densidad física. Con frecuencia sus cuerpos son robustos, ya que necesitan una fuerza muscular y ósea excepcional, distinta de otras envolturas físicas. Dependen de la *fisicalidad* y saben cómo utilizar la materia, cómo manejarla y transmutarla. En cierta medida se parecen a los chamanes y también a los sanadores, pero no lo son. Su voluntad se aplica a sanar los planetas, los universos interplanetarios e interestelares. Establecen redes gracias a las cuales pueden circular los rayos y los fluidos, como el de la sanación o el del conocimiento, y llegar así hasta los planetas y las estrellas. Los pilares conocen a la perfección el universo de las familias de almas porque son capaces de recibir sus fluidos y de ayudarlos a descender vibratoriamente, lo cual facilita su manifestación en la densidad de los planetas. Son los guardianes de ese Universo.

La familia de los mecánicos

Hay una familia que hemos bautizado así, aunque cabe decir que no hemos dado con el nombre terrestre más adecuado. Son almas que vienen a reparar el Planeta. **Son reparadores, o más bien agentes de sanación expertos en la mecánica y reparación de determinados circuitos del tejido planetario.**

En el seno de su familia terrenal a menudo están acompañados por pilares o chamanes; puede que, por ejemplo, los padres sean mecánicos, que unos hijos sean chamanes y, otros, pilares, y que actúen al unísono.

Estas almas se hacen cargo del medio ambiente, de los elementos contenidos en el subsuelo, el aire o la atmósfera, de ahí el nombre de «mecánicos». Aunque pueden adoptar una identidad terrenal muy poco relacionada con eso, es fácil encontrarlos «a ras del suelo». Sienten una gran necesidad de ocuparse de la Tierra, por ejemplo, plantar árboles donde no hay. En el más allá, los mecánicos reparan el campo energético que lo abarca todo, una especie de velo magnético que forma parte de los Universos conscientes. Las almas de los así llamados mecánicos reparan, si se rompe, este tejido energético compuesto de diferentes fluidos.

Esta familia solo consta de un núcleo y es muy estable. Suele trabajar en equipo con la de los chamanes. No tienen por qué asociarse obligatoriamente, pero de todos modos su acción será complementaria. Hay muchas almas de esta familia encarnadas ahora en la Tierra. Hallarás a miembros de esta familia en grupos sensibilizados por la protección del entorno medioambiental, de los acuíferos, de los bosques. Algunas se dedican a la sanación, otras a la comunicación, otras a escribir, pero todas sienten la necesidad de implicarse para contribuir a la regeneración del Planeta. Para estas almas es clave *la fisicalidad,* no en el sentido de acaparar bienes materiales sino de poder vivir en el hábitat del Planeta. Están enamorados de la Tierra. Día y noche reciben informaciones sobre el Planeta en el que habitan y sobre otros planetas habitados por sus hermanos y hermanas de luz. A ellos les exhortamos a que no duden cuando haya que recibir estos mensajes y a que no los bloqueen.

¿A qué familia perteneces? ¿Qué intuyes en lo más hondo? ¿Tienes dudas? No te identifiques con la profesión que has escogido o con las actividades emprendidas hasta ahora, sino con aquello que mueve y conmueve a tu alma.

Formas parte de una única familia y no de varias. Según la posición que ocupes en su seno te puede parecer que participas de todas. No juzgues esa sensación, pero repetimos que solo perteneces a una. ¿Cuál es? *¿Cuál es?*

Todas las familias se conocen y se comunican entre sí en el más allá. Y también en el más acá, a pesar de las personalidades, la identidad terrestre, las experiencias, las heridas y así sucesivamente. Porque en su envoltura física, en el centro mismo de sus chakras y en el interior de su canal subyace la vibración de su familia, que no es terrenal sino celeste.

No tengas prisa en desentrañarlo porque, de todos modos, ya lo sabes. Basta con que dejes vibrar a tu alma. Y para ello te sugerimos que relajes los hombros, que te instales cómodamente y que respires. No te olvides de respirar. Con el fin de que tus hemisferios favorezcan una expansión de la conciencia, deja que tu sistema nervioso baje la guardia, porque en este momento quizá estés algo ansioso.

Vamos a guiarte con un ejercicio de reconocimiento de tu familia. No permitas que la energía mental te asedie con la pregunta: «¿Cuál es mi familia? ¿Cuál es mi familia?», y te tenga con los hombros encogidos. En actitud de recogimiento, acepta que puedan surgir resistencias al adentrarte en este reconocimiento profundo.

¿Qué es lo que lleva a la personalidad a resistirse a la identidad del alma? Cuando el alma se encarna, se reencuentra con su karma y con la memoria de todas sus vidas llamadas anteriores. Pongamos por caso un alma de la familia de sanadores que, en muchas encarnaciones, hubiera sido inmolada en la hoguera o torturada o castigada por haberse dedicado a la sanación. Si la identidad profunda del alma fuera la de «sanador», no sería nada extraño que la personalidad exclamara: «¿Sanador? ¡No, gracias! No quiero sufrir ni ser rechazada por mi familia terrenal». Estos miedos, estas memorias, hacen acto de presencia y pueden velar y poner trabas al reconocimiento de la identidad profunda. Por eso te decimos que acojas las resistencias y, si cabe, que las envuelvas y las impregnes de luz y amor.

Antes te hemos enseñado un mantra para propiciar la emanación de tu alma: el AUM. Eres esa alma. Si apenas reconoces su vibración, si no consigues percibirla a través de los sentidos, te invitamos a recitar este mantra y a practicarlo. Te servirá de guía en el reencuentro con tu alma, en el reconocimiento de su color, su vibración y su identidad.

Cuando recites este mantra, invoca también telepáticamente a tu familia de almas a través de la cadena vibratoria del sonido. Los vínculos entre ustedes están presentes en el planeta Tierra. Las almas de una misma familia están unidas por una especie de red, de meridianos vibratorios, y las familias de almas están unidas por redes aún mayores. Se podría hablar de un internet vibratorio de las familias de almas, de autopistas de la comunicación telepática entre ellas. Están totalmente unidos unos con otros.

Cuando te pones en contacto desde el amor y la luz, ayudas a todas las almas de tu familia, en especial a aquellas que han elegido la oscuridad. No hay que juzgar los acontecimientos que se producen actualmente en el Planeta, porque cuando juzgas al verdugo que persigue, a lo mejor pertenece a tu familia. El resultado es que viertes el odio en el seno mismo de tu familia, alimentando así a la sombra. De ahí la importancia de no juzgar y de enviar amor sin distinciones: «Amor por los buenos pero no para los malos». Te invitamos a ensanchar tu corazón y conciencia.

Ejercicio

Vamos a pasar a la práctica. Te invitamos a utilizar tu soplo divino, tu respiración, para unir los planos celestes con los terrestres y el alma con la personalidad. La respiración une, crea vínculos, crea comunión.

Inspira profundamente y espira sin forzar el ritmo. Mientras respiras, une conscientemente la luz de los planos superiores de conciencia con la luz de los planos inferiores de esta.

Une, con esta respiración profunda, el lado izquierdo y el lado derecho del cuerpo. Une el yin y el yang en tu interior, el hombre y la mujer que eres, el alma y la personalidad. Une la llama, la divinidad y tu identidad. Mediante la respiración, une la condición humana y la condición divina.

Coloca la mano derecha o la izquierda a unos centímetros del timo, alineada con el corazón, pero en el centro del esternón, y siente la vibración de tu alma.

Continúa respirando, deja que todos los sentidos te comuniquen quien eres. Siente, escucha, contempla, observa tu color vibratorio, tu familia, tu identidad. Siente la energía que emana de tu corazón y de tu conciencia. Hazlo a tu ritmo, desplaza la mano y colócala entre el tercer ojo y el esternón para poder captar la vibración del alma. Siente su presencia.

Recita el **AUM**. Que este sonido vibre en cada una de tus células. Que tu alma se revele a través de este mantra.

Deja que se convierta ahora en un suave murmullo.

¿A quién invocas? ¡Reconoce! Reconoce tu perfume, color e identidad. Únete y reaviva conscientemente los vínculos que te unen con tu familia. Alinea tu encarnación. Alinea la visión que yace en el seno de tu alma, de tu esencia, en la divinidad.

Deja que circulen las vibraciones del amor y la luz en tu interior. Reconoce la fuerza de tu identidad, el intenso amor del guerrero, del maestro, del hada alquimista, del enseñante, del comunicador, del sanador enseñante, del chamán, del guerrero sanador, del pilar, del mecánico, del iniciador de conciencia; reconoce la flexibilidad y la fluidez de su fuerza.

Puedes recitar este mantra en cualquier momento y lugar: en la ducha, en el comedor, en tu vehículo terrestre, en tu grupo de plegaria y meditación. Puedes transmitirlo. Este mantra es una llamada a tu alma, a tu familia, es un anhelo de expresión y de comunión en la vibración de amor y de luz que te anima. Esta invocación es fundamental para alinear la energía de este nuevo milenio.

Cuanto más se reconozcan las almas y cuanto más reconozcan su identidad, sus obras repercutirán más en la encarnación.

Puedes comunicarte telepáticamente con tu familia con la misma normalidad con la que se comunican las familias unas con otras. Lo haces de todos modos aunque no seas consciente de ello. En la *fisicalidad* necesitas anclar la comunicación con el teléfono, con las vías electrónicas. No olvides, sin embargo, la telepatía y entra en contacto con tu familia. Seguro que obtendrás respuesta.

Preguntas

P.—Cuando observo la actividad que realizo desde hace años, me siento igual de cómodo en la familia de los sanadores y en la de los enseñantes, y me incluiría también en la de los maestros. ¿Cómo puedo estar seguro a la hora de saber a qué familia pertenezco?

R.—Sí, acabas de nombrar diversas posibilidades que son ciertas. No obstante, hay una vía en la que puedes decidir alinearte. Si no eres capaz de vivirla ahora, no te preocupes, lo verás más claro en los próximos días. De momento, puedes escoger la familia que consideres corresponde contigo.

Es como si tuvieras que elegir entre varias carreras universitarias, ¿verdad? Ahora bien, esto se vive a otro nivel. Existen muchas posibilidades de confundirte, porque hay diferencia entre, por ejemplo, ejercer como maestro, sentir al maestro en tu fuero interno o pertenecer a la familia de los maestros. No tiene nada que ver. Porque las almas de la familia de los maestros olvidan que son maestros y, sin embargo, actúan continuamente como tales. Los que pertenecen a la familia de los sanadores olvidan que son sanadores y, sin embargo, llevan a cabo la acción apropiada. La familia de almas es innata; de todos modos, cabe decir que exige cierto grado de depuración personal reencontrarse con ella y fundirse con la visión interior, con la identidad profunda. Si, en este momento, la elección no queda clara, no la fuerces; acoge la tristeza y la confusión que te embarga. Lo único que demuestra es que todavía no estás completamente alineado. Si tienes miedo de equivocarte, este sentimiento procede de la personalidad o de memorias acumuladas. Reconócelo y deja paso a tu divinidad.

No queremos que lleves una etiqueta en la frente: «Familia de los...». Hemos dicho que la familia es innata y que tu acción responde a lo que eres sin siquiera darte cuenta, sin ser siquiera consciente. Esto se debe a la potencia de tu identidad vibratoria en el seno de tu familia, a la potencia de la acción justa, de la vocación del alma, la cual pide que obremos, con la personalidad y la psique, en función de la verdad interna. El fin de esta enseñanza es alinearse. Si estás confundido, no lo juzgues. ¡Acoge y pide el alineamiento!

P.—¿Se ha estabilizado la familia de los sanadores ahora o se escindirá más?

R.—El movimiento de la familia de los sanadores no está estabilizado del todo. ¡Fíjense si no en los sanadores del planeta Tierra de hoy día! Todo tiene un sentido...

P.—¿Puede existir alguna relación entre los pilares y los guerreros sanadores?

R.—¡Sí, evidentemente! Los guerreros sanadores son los protectores del fluido de la sanación, fluido que proviene de muchos rayos: el rayo violeta, el rayo dorado, el rayo plateado y otros rayos que todavía no podemos nombrar porque no tenemos permiso para ello. En cuanto estos rayos alcanzan el Planeta, el fluido de la sanación emana y los guerreros sanadores son sus protectores. De ahí que estas almas estén en contacto también con los pilares, porque son ellos los que permiten enraizar estas energías en el Planeta.

P.—Has dicho que las almas que forman parte de la familia de los enseñantes pueden acceder a las memorias akásicas, pero ¿cómo?

R.—Mediante su canalización. Disponen de la facultad de abandonar su envoltura física e ir donde se encuentran las memorias akásicas.

Forman parte de las almas acogidas inmediatamente en el umbral. De todos modos, deben desarrollar la capacidad de visitar ese espacio... Si lo desean realmente, se toparán en su camino con seres que podrán enseñarles rituales adecuados para hacerlo. En el más allá existen muchos otros espacios depositarios de una gran diversidad de conocimientos, y estas almas también pueden acceder a ellos, ya que son las guardianas del conocimiento y contienen ese fluido en sí mismas.

P.—¿Existe alguna relación entre los suicidas y el tipo de familia de almas a la que pertenecen?

R.—No. En todas las familias hay almas que deciden abandonar rápidamente el Planeta, de maneras muy distintas. La Fuente no juzga estos actos. En este momento, la densidad no hace más que aumentar en el Planeta. Lo notan, ¿verdad? De ahí que algunas almas se digan: «Basta. No quiero continuar así. ¡Adiós!», y se van. Se les volverá a dar la oportunidad de encarnarse para completar la misión emprendida. En el más allá no existe el tiempo.

P.—¿Las hadas alquimistas pueden sanar?

R.—¡Sí, claro que pueden! Está en su mano aportar el fluido sanador. No obstante, el objetivo principal de su encarnación es espiritualizar la materia. Por eso, en el seno de la familia terrestre, tienen el carisma de ayudar en los conflictos familiares, porque la esencia misma de su alma, su identidad, es espiritualizar la materia, espiritualizar los problemas y malentendidos, y elevar su frecuencia vibratoria.

P.—¿Existe alguna familia de almas cuya misión sea acompañar a los moribundos?

R.—Sí, esta misión corresponde a los barqueros. Se encargan de todo tipo de tránsitos, entre ellos el de la muerte. Acompañan durante los periodos de cambio en la encarnación terrestre y en el más allá. Este es su cometido y el objetivo de su encarnación.

P.—Cuando se tiene la impresión de pertenecer a la familia de los sanadores y al mismo tiempo se sienten las energías de la familia de los chamanes, ¿puede eso significar que al principio el ser en cuestión formó parte de la familia de los sanadores y que luego, cuando esta se dividió, se dirigió hacia la que tomó la identidad de los chamanes?

R.—¡Exactamente! Por eso, después de haber estado en la gran familia de los sanadores, que se escindió por la evolución del universo de las almas, es difícil saber dónde ubicarse.

P.—Nos has dicho que las familias poseían códigos que habría que recuperar. ¿Podrías explicarnos algo más al respecto?

R.—Cada familia posee símbolos que unen a las almas unas con otras. Pueden estar en la envoltura física o incluso en los órganos internos. Estos símbolos vibratorios, y también físicos, son puntos de anclaje de los fluidos energéticos propios de la familia. Es urgente que los reconozcas, que los actives. Son como una especie de impronta vibratoria. La célula de la envoltura física emana esta vibración. Las entidades con una facultad psíquica muy desarrollada a nivel del tercer ojo pueden leerla. Y también se puede detectar la posición que se ocupa en la familia. No se puede ocultar. No puedes dejar de ser quien eres.

P.—¿Nos estás diciendo que podemos reconocer a los miembros de nuestra familia por su vibración?

R.—Lo acabamos de decir y lo repetimos. Nos queda por añadir que no solo se da el reconocimiento de los fluidos sino también de los puntos de anclaje. Al encarnarse, uno lleva consigo el fluido de su familia y este fluido se ancla en forma de símbolo en la envoltura física y energética. Uno nace ya con la identidad.

P.—Si no se perciben las vibraciones, si el tercer ojo no está abierto, ¿no hay otra manera de reconocer estos símbolos?

R.—Debes seguir la intuición.

P.—¿Cuál es el papel de estos símbolos?

R.—El reconocimiento, el despertar de la vibración de tu familia en el mundo encarnado. Porque están encarnados, ¿verdad? Están evolucionando en la frecuencia vibratoria de la densidad de su Planeta. Y, como están impregnados del fluido de su familia, el fluido de su alma, ese fluido circula constantemente a través de la densidad terrestre. Cuanto más reconozcas a los miembros de tu familia, más se intensificarán esos fluidos y más se activarán los puntos de anclaje, que, a modo de meridianos telepáticos, unen a los miembros de una familia. Todo esto puede alumbrarse, intensificarse, activarse y favorecer que tu familia de almas se reagrupe. Has venido al planeta Tierra con una finalidad que está más allá de la vida que consideras personal. Por eso estos vínculos son muy importantes, *muy importantes.*

P.—Si no reconocemos la identidad de nuestra alma, si no nos realizamos en la encarnación, ¿es posible que la envoltura física se vuelva contra sí misma? ¿Que la herramienta se vuelva contra sí misma?

R.—Por supuesto. La energía vital desaparece. Todos sin excepción, en el fondo del alma, disponen de una energía vital muy fuerte, y tienen que ser conscientes de su identidad celeste para utilizar esta energía de forma apropiada.

P.—¿A qué nivel, por decirlo de alguna manera, se sitúa el grupo de ángeles o el de los arcángeles...? ¿Constituyen familias especiales?

R.—Nosotros somos pura esencia. No poseemos la forma vibratoria denominada alma. Por esta razón no podemos encarnarnos como ustedes, que son capaces de ir a vivir a este o aquel planeta. Los ángeles, los arcángeles y las otras chispas divinas no disfrutan de esta posibilidad. Nuestra identidad vibratoria es distinta de la suya. Carecemos de la densidad vibratoria denominada alma, necesaria para acceder a la encarnación. En nuestra condición de chispas divinas sí que podemos acercarnos a los planos terrestres, los planos que hay alrededor del planeta Tierra. No obstante, para descender a través de la densidad, debemos utilizar una forma mediúmnica o manifestar una forma de envoltura energética que puede parecer humana pero no lo es.

Algunos seres humanos, algunas almas encarnadas nos ven, ven las alas o una nube de vibraciones. Esta es nuestra máxima expresión cuando nos manifestamos. Como somos chispas divinas, podemos crear esta forma de espejismo vibratorio para significar nuestra presencia. No gozamos, como ustedes, de la posibilidad de encarnarnos, de disponer de una envoltura física para pasar por un periodo de encarnación terrestre.

P.—Saber la prueba de encarnación correspondiente a cada familia, ¿nos ayudaría a ser más conscientes en la vida?

R.—Lo que cada familia vive está directamente relacionado con su misión. Pongamos el caso de la familia de los enseñantes. Si el alma que enseña, que transmite el conocimiento, sea cual sea la vía elegida, se toma en serio, si el ego se identifica con la enseñanza, esta sería, digamos, la prueba. Es decir, que la prueba, al margen del rol de las familias y de su acción, depende de si el ego se apodera de la identidad del alma y edifica una estructura rígida en la que se extravía.

CAPÍTULO 3

¿Cuál es la posición?

¿Quién eres? ¿Cuál es tu identidad real,
la identidad profunda de tu alma?
La posición en el seno de la familia
es determinante en la encarnación.

Vamos a describir la composición de una familia. No de una familia terrestre tal como la conoces sino de una familia de almas. Esta descripción comportará una nueva toma de conciencia de que lo que está arriba es como lo que está abajo, y que lo que está abajo es como lo que está arriba. No hay separación.

En el más allá, después de haber elegido la familia, escoge uno la posición que ocupará en su seno, siempre con tal de servir a la Fuente, y este emplazamiento no va a cambiar. Influye a lo largo de toda la vida, aunque uno lo ignore. Al contemplar tu existencia una vez que seas consciente de la identidad de tu alma y de su posición, comprenderás que la historia de tu vida forma un todo, que tiene un sentido desde el nacimiento hasta ahora. Forma parte de una sola y misma vibración, aunque tu hemisferio izquierdo separe tu encarnación de tu divinidad. Te has posicionado en el seno de tu familia con la intención de servir a la Fuente dentro y fuera de ti.

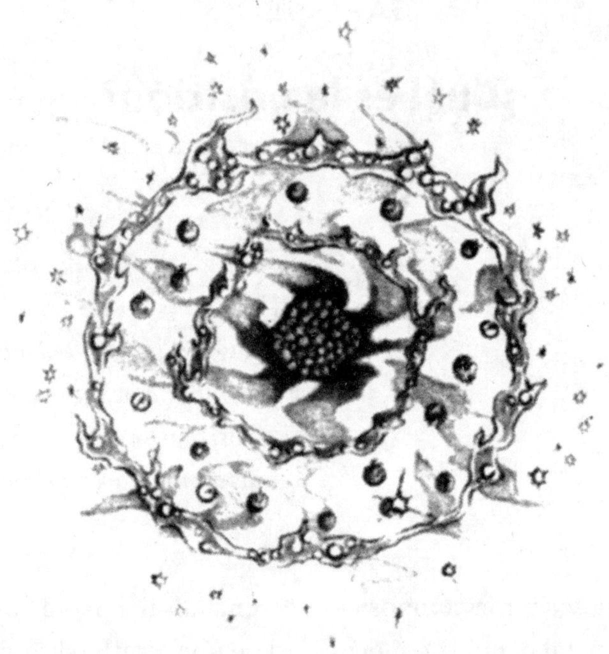

Esquema de una familia de almas según la visión percibida por Marie Lise Labonté.

La familia de almas es una célula muy similar, por no decir idéntica, a las células que componen la envoltura física. ¿Pura casualidad? ¿No será que el cuerpo físico se ha inspirado en la energía universal, en la energía de la Fuente que existe en el más allá? ¿O más bien que el cuerpo físico fue creado por la Fuente misma? En consecuencia, las células de tu cuerpo están hechas a imagen y semejanza de las células de las familias de almas y viceversa. Hay miles de familias en el más allá y su reagrupamiento genera una especie de cuerpo vibratorio: el universo de las almas. Este mundo está rodeado de chispas divinas, de puras esencias divinas que permanecen en la Fuente.

Para que comprendas lo que es una familia de almas, su composición, su funcionamiento y su modo de acción interna y externa, vamos a utilizar el ejemplo de la célula humana.

Composición de la célula

Núcleo

La familia de almas es como una célula vibratoria con un núcleo en su centro, cuya función es la de **dar cohesión a la fuerza e identidad de la familia.** Las almas que lo constituyen reciben el nombre de *almas hermanas primordiales.* Son almas que provienen de una misma chispa divina, la cual, después de haber atravesado el sas del Alma Madre para devenir en alma, pasó por otro sas al que llamaremos el de la escisión. Ahí se escindió y de un alma surgieron dos, cada una con su identidad y con una parte de la chispa divina primordial. La fuerza de atracción que une a estas dos almas, sumada a la fuerza de atracción que une a todas las almas hermanas primordiales que componen el núcleo, representa la fuerza misma del núcleo, una fuerza necesaria para el funcionamiento de la célula. El núcleo tiene que ser fuerte, porque si es débil la célula se verá expuesta a más escisiones o podría llegar a resquebrajarse. Pero no temas, porque la solidez de las familias de almas está asegurada.

Las almas que forman el núcleo tienen un elevado concepto de la familia. Empleamos el lenguaje de ustedes para ilustrarlo. No obstante, procuren no extrapolar sus vivencias terrenales en el más allá. Estas almas son más densas: su identidad vibratoria es más consistente que la de las otras almas de la misma familia. Cuando hablamos de densidad, no estamos hablando de cristalizaciones sino de la solidez de la identidad. Cuando se encarnan, la prueba que acecha a estas almas es la de dejar que el ego se apropie de la fuerza del alma, erija una fortaleza y se encierre en ella.

Filtro

El núcleo está rodeado de una franja anular a la que hemos denominado *filtro.*

Sus componentes son almas únicas, es decir, no son almas hermanas primordiales, y no por ello están tristes. Se bañan en la Fuente, no lloran y no están celosas de las anteriores. Este tipo de emociones no existe en el más allá.

Son algo menos densas que las del núcleo. Según la «lógica celeste», si todas fueran de igual densidad, quedarían absorbidas, porque el núcleo es una fuerza que aspira la energía para redistribuirla. Así pues, las almas que envuelven el núcleo se caracterizan por una identidad fuerte, pero no tanto como la que caracteriza a las anteriores. Todas ellas han vivido el mismo número de sas, lo cual les permite crear cierta homogeneidad, fuerza y estabilidad alrededor del núcleo. Este anillo recibe la fuerza de la energía del centro que está dirigida hacia el exterior. La filtra, la ajusta y la distribuye; lo mismo hace con la energía que penetra en la célula en dirección al centro. Esta franja **sirve de protección y filtro,** y su función es ajustar continuamente el equilibrio de fuerzas en las dos direcciones.

Como guardan una estrecha relación con las almas del núcleo, también pueden doblegarse al ego y la personalidad. Pueden identificarse con el núcleo hasta el punto de ir en busca de un alma hermana primordial inexistente. Durante la encarnación, tienden a convertirse en salvadores y a sobreproteger, olvidando que su posición está en el anillo protector y no en el núcleo.

En resumen, las almas que ocupan esta posición protegen el núcleo, no porque le amenace algún peligro, sino para preservar la energía de la luz y el amor. Filtran, además, tanto la información que emana de las chispas divinas, fluido de amor dirigido hacia el núcleo y que pasa por todas las capas de la célula, como la que sale del núcleo en dirección al mundo de las chispas divinas.

Estabilizadores

En torno al filtro existe otra franja, una estructura energética compuesta de almas más ligeras, que no han atravesado el mismo número de sas. Son almas itinerantes que viajan, que **estabilizan y equilibran constantemente la vibración de la célula.** Son las responsables del intercambio y saben distinguir bien la identidad del núcleo, la identidad del anillo protector y la identidad de las almas casi transparentes de la periferia, compañeras de luz.

Para que comprendas el papel de las almas que ocupan esta posición en el seno de la familia, hemos encontrado el término terrestre de *estabilizador.* ¿Por qué han pasado por un número diferente de sas, que pueden ser de dos a siete? Pues sencillamente para que puedan comunicarse con todas las almas, sea cual sea su densidad. Por ejemplo, las almas que solo han pasado por dos sas pueden comunicarse muy fácilmente con las almas de la franja periférica, mientras que la identidad de las que han pasado por cinco sas es mucho más fuerte. Esta fuerza les permite recibir las energías del filtro y conducirlas hacia el exterior, asegurando así el equilibrio. Como no son homogéneas, mantienen el equilibrio entre el núcleo central y el anillo exterior; así pues, crean y posibilitan la armonía.

Estas almas se encargan de las «relaciones públicas». Son los «diplomáticos celestes» y las únicas que tienen permiso para salir de la familia e ir a visitar a las demás familias sin romper el equilibrio, con el fin de que haya una comunicación constante entre todas las familias de almas. Son grandes viajeras. Cuando van de visita, es decir, cuando salen de la célula, van siempre acompañadas de una chispa divina, no la que yace en su interior sino otra que existe en el más allá. Están en una perpetua búsqueda de equilibrio y estabilizan los fluidos que llegan, entran, alimentan y parten de la célula.

La prueba que las acecha es la de dispersarse por completo, visitar una familia tras otra y pasar por alto lo esencial. Son almas mensajeras; sin embargo, a veces, en la encarnación olvidan el destino del mensaje.

Periferia

El anillo exterior es como una envoltura que contiene todo lo que existe en el seno mismo de la célula. Está compuesto de almas más ligeras aún que las de los estabilizadores. Fíjate que se parte de una gran densidad en el núcleo hasta llegar a la gran ligereza de la banda periférica. Estas almas son casi transparentes y necesitan de esta transparencia para **canalizar la energía exterior y dirigirla hacia el interior,** que es una especie de alimento para la célula. Solo han atravesado un sas, el del Alma Madre; por esta razón su densidad e identidad no son muy compactas. Una vez encarnadas, son algo distraídas y suspiran por volver a ser chispas divinas. Se mantienen en contacto permanente con el mundo exterior a las familias de almas, el mundo de las chispas divinas, de los ángeles, de los arcángeles, de las entidades numinosas y otros grupos de chispas que organizan el fluido divino, la energía, la luz existente entre las familias de almas.

Gozan de la facultad de comunicarse con todas las chispas divinas que revolotean alrededor de la célula «familia de almas». Depende de ellas que haya una buena colaboración con el entorno y se encargan de la gestión de los sas concernientes a la familia, a través de los cuales pasan sus hermanos y hermanas de la célula para posicionarse. Estas almas, con una identidad tan tenue, aseguran la transparencia necesaria para que la célula pueda respirar en el Universo.

Las almas que se localizan en esta franja cierran y sellan la célula. No viajan, porque salir de la célula comportaría un desequilibrio. Captan los fluidos del exterior y los dirigen a los estabilizadores, que, a su vez, los dirigen al filtro y el filtro al núcleo. Del núcleo parte la energía de la familia al filtro, a los estabilizadores y finalmente a las almas que sellan y permiten la emanación de los fluidos de la familia al universo de la Fuente. La célula se nutre de la Fuente hasta en su núcleo y este, a su vez, restituye, reenvía la energía de la familia hasta el fluido de la Fuente. Es así como respira la célula, *es así como respira.*

Durante la encarnación terrestre, estas almas están siempre, consciente o inconscientemente, en contacto con el más allá y reciben muchas informaciones acerca de su familia de almas. Las dificultades que les esperan en este Planeta no tienen tanto que ver con una identidad demasiado fuerte, antes bien demasiado débil. Estar en la Tierra supone una gran prueba para estas almas, ya que pueden pasarse la vida esperando el más allá e ignorando el más acá.

Estas almas se reconocen fácilmente porque dan la impresión de flotar. Lo olvidan todo, están en la luna y hay que recordarles que viven en la Tierra. Su falta de densidad explica esos pequeños problemas con la encarnación, al contrario que las almas del núcleo, cuya densidad es considerable y parecen estar bien instaladas aquí.

¿En qué franja te encuentras tú?

Tu posición en el seno de la célula «familia de almas» es, ante todo, una identidad vibratoria. Da un sentido a lo que vive el alma y, por lo tanto, el individuo. Si en la encarnación terrestre la personalidad, gracias a su transparencia, se pone al servicio de la identidad del alma, esta continúa su acción a pesar de haber «abandonado» a la familia de almas para «venir» a la Tierra. Por eso, es importante saber la posición que se ocupa en el seno de la célula. Ante la exclamación, «¡No lo sé!», nosotros te contestaríamos: «¡Contempla tu vida!». El alma disfruta de identidad propia; en algunos es más densa, en otros, menos. La densidad vibratoria del alma se refleja en la fuerza de la personalidad durante la encarnación. Así pues, si observas tu vida, sabrás cuál es tu ubicación en el seno de la célula «familia de almas».

Hallar la posición en el interior de la familia no debería representar un esfuerzo, sino más bien una liberación. Porque cuanto más reconozcas quién eres, más conscientes serán tus actos y tu misión. La encarnación está teñida de múltiples experiencias; a través de ellas, la identidad de tu alma actúa, actúa y *actúa constantemente.*

Quizá hayas decidido ocupar en tu familia terrenal la misma posición que en la celeste. O quizá hayas decidido ocupar una posición distinta para explorar otra posibilidad. Te invitamos, pues, a ver cómo se aplica esta enseñanza en el ámbito de tu familia terrenal.

¿Quiénes formarían parte del núcleo, por ejemplo? ¿Los primeros o los últimos en llegar? Recuerda que todo encaja a la perfección.

Antes hemos hablado de la importancia de sanar los vínculos con la familia terrestre. En esta búsqueda de la posición propia en el seno de la familia de almas comprenderás la experiencia de tu posición en el seno de la familia terrestre. La casualidad no existe. Si todavía hay odio, juicios, sentimiento de abandono, o ganas de rechazar si has sido rechazado... te invitamos a sanarlo. Te invitamos a dejar atrás esta dimensión plagada de heridas y sufrimiento para entrar en contacto con el potencial de sanación interior que te habita y utilizarlo para sanar las relaciones con tu familia terrenal.

Todo ello con el fin de experimentar la energía del amor incondicional y facilitar la comunicación con tu familia de almas. El reconocimiento de tu posición y de tu familia de almas te ayudará a sanar las relaciones con la otra familia, porque comprenderás tu experiencia a la luz de la conciencia celeste aunque se trate de una experiencia terrenal.

Funcionamiento de la célula

¿Cómo consiguen estas almas, cada cual con una densidad diferente, formar un todo coherente en el Universo? ¿Cómo se consigue la organización de esta «estructura vibratoria»? La respuesta es sencilla: debido a la gravedad. Para que visualices bien el funcionamiento de una célula, vamos a terminar esta enseñanza con una explicación de la dinámica interna de una familia de almas.

El **núcleo** constituye el centro de la célula, el centro de la familia. Las almas que lo componen son sólidas y siguen un movimiento de rotación en el sentido de las manecillas del reloj, llevando las energías del interior hacia el exterior. Las almas que componen el **filtro** son menos densas que las del núcleo y su función es proteger y filtrar las vibraciones de luz y de amor que entran y salen del núcleo. Efectúan un movimiento de rotación inverso al de las manecillas del reloj.

Los **estabilizadores** son los encargados de estabilizar toda la energía que va desde el centro hacia el exterior y del exterior al centro. Tienen la posibilidad de ir y venir para visitar a otras familias, a otras células, acompañadas siempre de una chispa divina. Regulan y estabilizan la evolución constante de la célula y se mueven en el sentido de las manecillas del reloj. Por último, las almas que sellan todo el conjunto, **en la franja periférica,** contienen la fuerza centrífuga y centrípeta de la célula. Son almas muy ligeras, que rozan continuamente el mundo de las chispas divinas. Efectúan un movimiento de rotación inverso al de las manecillas del reloj, y atraen así la energía del Universo hacia el centro.

De esta manera, la célula puede latir, vivir, palpitar, respirar la energía del exterior hacia el centro y retomar esta energía del centro para dirigirla al exterior. Todas las vibraciones incluidas en la célula absorben estas fuerzas que se reúnen y se redistribuyen sin cesar; tal es el impulso de la energía externa, es decir, la energía del amor dirigida hacia el centro y del centro reconducida hacia el exterior. Movimiento de espiral hacia el interior y de espiral invertida hacia el exterior, así es como respira una familia de almas. Así respiran las células de tu envoltura física, así respiran ustedes en el Universo entero. La célula de tu familia es representativa del movimiento del Universo. ¿Lo has notado? Y la energía que lo sustenta todo es el amor, *¡el amor!*

Podrías preguntarte: «¿Y qué pasa con las familias que se alimentan de la sombra?». Pues también es la energía del amor la que las mantiene unidas, porque aman la oscuridad. Están ahí por amor a la sombra, porque han elegido la sombra. ¡Y esta elección es sinónimo de amor! No como lo entienden ustedes, desde luego, pero queremos introducir este matiz para que sepan que en el seno mismo de las tinieblas ¡hay amor! En el seno mismo de la sombra hay luz. La luz está en todas partes, incluso en el reagrupamiento de las familias que se decantan por la oscuridad.

Todas las familias juntas forman una especie de cuerpo vibratorio llamado universo de las almas. Este cuerpo también respira. Lo que mantiene unidas a las familias es la energía del fluido de la luz y el amor, a través de la red vibratoria de las chispas divinas que son puro amor. ¿No es maravilloso?

Te acabamos de presentar el universo de las familias de almas. Tu alma ha escogido una posición en el seno de una de estas familias. ¿Cuál es? ¿Cómo saberlo? Te corresponde a ti descubrirla. Ten por seguro que, al encarnarte, has adoptado esta posición a través del filtro de la encarnación terrestre. Observa, pues, el camino recorrido hasta el día de hoy.

- ¿Eres de aquellos que tienen mucha personalidad y tienden a controlar o incluso anular al prójimo?
- ¿Eres de aquellos que no cejan en su empeño de proteger a todo el mundo aunque no haya ningún peligro a la vista?
- ¿O eres de talante aventurero y te gusta conocer y relacionarte con grupos de gente diversa, pendiente siempre de que reine el equilibrio a tu alrededor?
- ¿O eres de aquellos que no tienen los pies en el suelo, que suelen estár en la luna y sienten nostalgia de un mundo menos terrestre?

He aquí los tipos de personalidad asociados a las cuatro posiciones de una familia de almas. ¿Te resulta más fácil ahora detectar tu posición? Este emplazamiento se lleva consigo, no varía. ¿Cuál es su repercusión en tu vida?

Existen millares de familias de almas, aunque no todas se han encarnado en este inicio de milenio. Algunas están muy atareadas con otras funciones, por decirlo así, y otras se han encarnado y obran conjuntamente a favor de la evolución de la Tierra, colaborando en el plan divino y ayudando a la humanidad.

Ejercicio

Vamos a proponer un ejercicio para que puedas reconocer tu posición. Si quieres, puedes acompañarlo con el mantra AUM.

Te invito a ponerte de pie y dejar espacio a tu alrededor para que tus manos puedan estabilizar la envoltura física durante la meditación. Respira profundamente. Utiliza el soplo de vida para aflojar el diafragma y el cráneo. Deja que los hombros reposen sobre tu caja torácica. Relaja los músculos de la nuca y de las rodillas. Deja que tus pies se anclen en el suelo y que las raíces terrestres respiren. Deja que el chakra de la coronilla arraigue en el Cielo y que las raíces celestes respiren. Durante unos segundos, te invitamos a sentir, a ver, a escuchar, a imaginar una célula familiar. Piensa en tu familia y será más fácil.

Repite interiormente el nombre de tu familia de almas; aunque te asalten dudas, no importa. No lo juzgues. Con la energía del corazón, visualiza tu familia de almas. Sé consciente de ella, repite su nombre, arraiga la vibración y la vivencia, así como las emociones que puedan surgir, y respira. Si el ego reacciona, acógelo, no lo juzgues. Date permiso para bañarte en esa energía y continúa repitiendo interiormente el nombre de tu familia de almas. Invócala y respira. Poco a poco, imagina la célula de tu familia de almas, con su núcleo y la franja protectora que lo envuelve, el espacio de los estabilizadores y el anillo exterior. Esta célula respira. Repite el nombre de tu familia de almas. Respira en el seno mismo de la célula. Imagina que eres esa célula y que respiras a su ritmo. *Eres esa célula, respira.*

Contempla ahora, con los ojos de la conciencia interior, tu posición. ¿Cuál es? ¿Dónde te sitúas? ¿Cómo ayudas a que esta familia respire, mantenga su elevación e irradie su luz? ¿Cómo colaboras en el funcionamiento de esta familia que te cobija? Recibe la respuesta. Tal vez veas o tal vez oigas la posición. A modo de acompañamiento, durante el ejercicio vamos a describir cada una de las posiciones; déjate impregnar por estas líneas. Escucha, siente y reconoce.

Si eres de los que están en la franja periférica, te encargas de cerrar y sellar la célula. No tengas prisa, date el tiempo de sentir. Eres un alma muy ligera. Dejas circular las vibraciones procedentes del núcleo y, al mismo tiempo, estás abierto al mundo de las chispas divinas. Nunca dejas de sentir la fuerza de la chispa divina dentro y fuera de ti y así, lleno de divinidad, te ocupas de tu familia de almas.

Nos dirigimos ahora a los estabilizadores, a las almas que estabilizan la energía que llega del anillo exterior, poblado por almas cuya identidad es casi inexistente y que reciben la energía de las chispas divinas. Los estabilizadores criban y armonizan constantemente la energía. A veces, deben trasladarse a un espacio determinado, alinear la luz y hacerla pasar con fluidez. Propician la comunión de las energías que se dirigen desde el centro hacia el exterior y del exterior al centro.

Nos referimos ahora a la franja que envuelve el núcleo. Son los protectores del núcleo. Custodian su fuerza, la protegen. Deben ser sólidas, queridas almas. Son sólidas porque contienen la fuerza centrífuga, mantienen la fuerza de cohesión del núcleo.

Si perteneces al núcleo, eres muy sólido, eres la fuerza, la identidad de tu familia.

Continúa invocando a tu familia y tu posición. ¿Cómo la ayudas a que se enraíce? ¿Cómo ayudas a tu familia? ¿Cuál es tu función en el seno de esta célula? Fíjate en tu alma. Eres un sol entre soles. Di interiormente el nombre de tu familia, invócala. Visualiza la célula. Visualiza a tu familia. Visualiza a las almas. Contempla y siente tu posición. Permite la desintoxicación de las diversas cristalizaciones de energía existentes y que forman una suerte de velo, que impide el reconocimiento profundo de quién eres y de tu posición en el seno de la familia de almas. Te lo repetimos: tu esencia influye constantemente en tu vida cotidiana.

Preguntas

P.—Al nombrar a las familias de almas, me ha dado la impresión de que pertenezco a todas ellas. No sé a qué atenerme.

R.—Esa reacción es típica de las almas que ocupan la posición de estabilizadores. Hemos mencionado que los estabilizadores viajan, van y vienen de una familia a otra. Hemos observado que muchas almas estabilizadoras nos dicen lo mismo. Tienen la sensación de pertenecer a todas las familias porque van a visitarlas, pero en realidad solo pertenecen a una.

P.—¿Es posible que el alma que ocupa la posición de estabilizador en su familia celeste esté destinada a compartir experiencias con almas procedentes de otras familias?

R.—Por supuesto. Son embajadoras respecto a otras familias de almas, igual que las almas de la periferia son embajadoras con respecto a las chispas divinas, con la diferencia de que estas no salen de la célula.

P.—No comprendo muy bien el significado de «densidad» o «ligereza» cuando hablas del alma. ¿Podrías explicarlo más?

R.—Trataremos de comunicar nuestra experiencia desde la perspectiva de los ángeles. El alma perteneciente al núcleo, cuando está dentro de la envoltura física, para nosotros es palpable, densa, muy presente, y el alma de la periferia, ligera, como un velo, casi transparente.

P.—Las almas que forman parte del núcleo, ¿han atravesado el mismo número de sas vibratorios?

R.—Sí. Las almas que componen el núcleo han pasado por el mismo número de sas, y este número depende de cada familia. Sucede algo parecido con las almas que componen el filtro. Todas han vivido el mismo número de sas, aunque no tantos como las nucleares, y este número también depende de cada familia.

Por ejemplo, en una determinada familia las almas del núcleo pueden haber atravesado cinco sas y las del filtro cuatro, mientras que, en otra, las almas del núcleo pueden haber conocido seis sas y las del filtro cinco. Depende de cada familia.

P.—Has comentado que existen familias con un solo núcleo y otras con varios. ¿Podrías decir algo más al respecto?

R.—Las familias de almas con varios núcleos pueden evolucionar y escindirse para crear otras familias. Algunas se escinden y se recrean *ad infinitum.* Por ejemplo, una familia en la que muchos de ustedes se incluyen: la de los sanadores. Esta familia dispone en este momento de cinco núcleos, cinco filtros, cinco grupos de estabilizadores y cinco franjas periféricas. Tiende a escindirse y a crear otras familias para dedicarse a la sanación, pero en ámbitos más específicos, como la de los chamanes o los guerreros sanadores. Una familia puede llegar a tener hasta quince núcleos, como la de los pilares actualmente. Las familias con un solo núcleo son estables y no evolucionarán para formar otros grupos de familias de almas; no se dividen y en cambio aseguran la estabilidad en el proceso evolutivo de las almas.

P.—¿Podrías enumerar a las familias que solo tienen un núcleo en este momento?

R.—Sí. La de los maestros, la de los barqueros, la de los comunicadores y la de los mecánicos.

P.—Me gustaría que nos dieras un truco para que podamos saber cuál es nuestra familia y la posición que ocupamos.

R.—Muy sencillo. Basta con que se hagan una sencilla pregunta: ¿Qué es lo que les apasiona en la vida? ¿Qué es para ustedes fuente de inspiración desde la más temprana infancia? La respuesta vendrá sola.

En cuanto a su posición, basta con observar su vida cotidiana. Fíjense en cómo se comportan y lo sabrán. ¿Están siempre en la luna o, por el contrario, tienen los pies en la tierra? ¿Se distraen a menudo o bien se sienten responsables de todo lo que ocurre a su alrededor? Obsérvenlo y ya nos dirán.

Contemplación

He aquí un ejercicio excelente:
fijarse en el potencial del otro y no en su limitación.

La experiencia de la encarnación sigue un hilo conductor. Todas las almas encarnadas en el Planeta comparten la misma energía, una energía que une lo que es, lo que existe, lo que contiene vida. Esta energía se llama Amor.

Como humanos, en la experiencia de la encarnación han conocido un sinnúmero de formas y múltiples expresiones de esta vibración llamada Amor. Han conocido, entre otros, el amor que pone condiciones y al que nosotros denominamos amor condicional. Han recibido esta clase de amor de la sociedad, de sus padres y de sus amigos, pero también ustedes mismos han transmitido esta energía. Para ser amados, se les ha exigido ser esto o aquello. Solo 'esto', 'eso' y 'aquello' merecían el amor, la aprobación, la sonrisa, la mirada radiante. Ser 'esto otro' o 'aquello otro', en cambio, suponía enfrentarse a caras serias, de mirada severa, y lo que desprendía el cuerpo de la entidad que transmitía así el amor era sinónimo de desaprobación. Obtenías un 'no' por respuesta.

El amor que existe en el más allá está libre de condiciones. No hace distinciones y no dice: 'esto está bien' o 'esto está mal', no muestra aprobación o desaprobación. Tu alma conoce bien esta realidad celeste. De todos modos, al escoger la encarnación terrestre, elegiste evolucionar a través de esta forma condicionada del amor.

Has escogido experimentarlo y vivirlo para con los demás y para contigo mismo, porque este amor condicional también lo proyectas sobre tu persona. Por ejemplo, cuando una mañana, criticas a un anciano, a un niño o a alguien vulnerable, y luego desapruebas tu actitud, te juzgas y te niegas el amor a ti mismo. O cuando, a través de los medios de comunicación, eres testigo de las torturas infligidas a seres humanos de tu Planeta y ves a los hombres armados que son sus autores, los juzgas y les niegas tu amor. Cuando contemplas a niños que juegan, tu corazón se alegra y prodiga amor. Decides lo que está bien y lo que está mal; así, en función de este condicionamiento, das o retiras tu amor.

Ante el alma hermana o las almas que forman parte de tu familia de almas, el reflejo humano de nuevo es el de juzgar la experiencia diciendo: 'Esto es bueno' o 'esto es malo'. Das o retiras tu amor. Y, según la situación, a veces lo retiras después de haberlo dado o lo das después de haberlo retirado, siempre según los dictados emitidos por el reflejo condicionado 'esto es bueno' o 'esto es malo'.

Es una experiencia de la que participa tu Planeta, ¿verdad? Así pues, experimentas el amor condicionado y condicional. Experimentas los juicios, la desaprobación, las expectativas, los apegos, la posesión, los celos, la envidia, el odio, el deseo de matar al otro o de destruirse a ustedes mismos. Experimentas la «condición humana» y esta condición pone condiciones.

En un estado de iluminación, una experiencia mística o una meditación, en contacto con tu «condición divina», experimentas lo incondicional, comprendes que todo responde a un fin en el Universo, que todo es vibración, que la Fuente no juzga. En un estado de iluminación así, no importa cuánto tiempo dure, de repente te sientes fusionado, fundido, eres uno y ves que no hay separación donde creías que la había. Conectas con el amor universal, el inmenso amor que existe más allá de la «condición humana» y sus condiciones. Este amor que nutre cabalmente es la urdimbre misma de tu familia de almas.

Cuando te topas con los límites de tu condición humana, cuando se alza ante ti la Gran Muralla y tienes la impresión de que no eres nada, de que tu vida no vale nada, no por ello dejas de ser divino. Cuando te asalta la contracción, el dolor, la pesadumbre, la incomprensión, las ganas de cerrar tu corazón o de separarte, creyendo que el otro te ha hecho sufrir, cuando te ves arrastrado por esta condición humana, ¿cómo puedes experimentar los vínculos de alma a alma o con tu familia, tu identidad profunda, la naturaleza misma de tu divinidad?

Cuando te encierras en ti mismo o piensas en suicidarte porque las dificultades te abruman, porque no encuentras el amor que buscas en otra persona, en los objetos o en los vestidos, no olvides nunca que eres divino, que tu identidad celeste permanece incólume. No te abandona nunca. Tu familia de almas y la visión que yace en el fondo mismo de tu alma están igualmente presentes. La llama divina en tu interior no se apaga nunca.

Por eso es esencial que recuerdes que, cuando estás sumido en la condición humana y tienes la sensación de ser un cero a la izquierda, eso es pura ilusión. Claro que podrías exclamar: «No, esta es mi realidad. Cuando sufro, sufro de verdad, no se trata de una ilusión». Y nosotros responderíamos: «Olvidas que eres divino».

Es cierto que si estás totalmente contraído y encerrado en tu cascarón, con el corazón y la conciencia obstruidos, los chakras apagados y a merced del odio y la rabia, no es fácil conectar con tu divinidad. En un estado así, olvidas que eres divino y que en un segundo puedes transformar por completo dicho estado. Gozas de ese poder porque no estás separado de tu divinidad. No eres medio humano y medio divino. Eres humano y divino, divino y humano. Compartes ambas naturalezas incluso en la encarnación.

Contempla tu vida. Desde el nacimiento hasta hoy, no ha habido separación. Entiende que no porque hoy, ayer o anteayer o hace un par de semanas hayas leído u oído hablar de las familias de almas te convertirás en otra persona de la noche a la mañana. No por saber que perteneces a la familia de hadas alquimistas, enseñantes, sanadores o comunicadores te convertirás de repente en otra persona. Siempre has irradiado esa vibración. Posees esta identidad desde que naciste, más aún, desde la concepción.

Tu conciencia y tu corazón se han despertado y algunos de entre ustedes se resisten todavía a esta toma de conciencia. La personalidad analiza: «¿Soy realmente de la familia de los maestros? ¡No sé, no sé...!». «¿Soy sanador realmente? ¿O chamán? ¡No sé, no sé...!». Se resisten porque hay heridas que los separan de la identidad de su alma y generan dudas, incomodidad, vergüenza, una especie de pudor de la personalidad. «¿Soy realmente un sanador?» Si la respuesta es afirmativa, entonces se sienten obligados de inmediato a actuar como tales, cuando de hecho lo han sido siempre. En el caso de otras personas, en cambio, la personalidad acepta plenamente esta realidad celeste y se sienten unidos y poderosos al experimentar una fusión interior aún mayor. Para ellos no hay lugar a dudas, la energía es de una evidencia tal que se impone.

Te invitamos, pues, a contemplar tu vida a partir de ahora, sabiendo quién eres y la posición correspondiente en la familia. Esto es muy importante. Ve más allá del intelecto para que comprendas con tu corazón cómo ha configurado tu vida esta identidad profunda.

Sería conveniente que te ejercitaras en esta contemplación conscientemente. Te afectará de todos modos, a tu pesar, porque, con motivo de esta lectura, el inconsciente se activará y suscitará sueños y energías renovadas. No importa que tu comprensión actual sea limitada, lo que sí importa es que hayas elegido por fin el reencuentro con tu identidad real. Una contemplación consciente puede acelerar este proceso vibratorio de reconocimiento de tu identidad, de tu posición en el seno de la familia, lo cual permitirá una nueva interpretación de tu vida hasta el día de hoy y favorecerá el alineamiento en el futuro.

Lo repetimos, cuando tu alma se encarnó, llevaba consigo el sentido de su encarnación. Te sugerimos que te hagas estas preguntas:

¿Qué ha venido a hacer mi alma en el planeta Tierra? ¿Qué ha venido a compartir? ¿Qué ha venido a transmitir, a aportar en el planeta Tierra? ¿Cómo participa en la evolución de este Planeta? No temas, la encarnación no es un juego de dados. No juegas a la ruleta y no eres fruto de la casualidad. Has venido a compartir tu vibración, la vibración de tu familia, tu posición en dicha familia. Has venido a compartirla con la conciencia terrenal, con las almas con las que has decidido coincidir. Has venido a aportar tu luz. También puede ser que, a los veinte años, hayas dicho: «Basta. No más luz. Me inclino por la oscuridad». Y que durante veinte años hayas alimentado el odio, hasta que, de repente, a los cuarenta, la luz y el amor hayan irrumpido de nuevo en tu vida y los hayas aceptado, plenamente consciente, y decidido a ser su portavoz. Durante todo ese tiempo, habrías vivido con la llama prendida en el fondo de tu identidad. Tu alma es libre, libre de plasmar la visión, de marginarla, de tomar otra dirección, de volver... ¡Completamente libre! Es importante que no emitas juicios al respecto.

Durante la contemplación, quizá te percates de que has emprendido otro camino para pasar por determinadas experiencias. O también es posible que estas experiencias formen parte del camino de tu alma. Aunque tengas la impresión de que no has sido fiel a tus raíces más hondas, de que has llegado a ser ingeniero en lugar de pianista, no lo juzgues. Eres dueño de tu vida. Por lo tanto, puedes escoger de nuevo el piano para canalizar tu esencia.

¿Cómo saber que estás en el buen camino? Contemplando tu experiencia. Pero cuidado, porque el objetivo no es juzgarse. ¿Cómo saber si estás adherido a tu esencia? Basta con observar la envoltura física. Tu cuerpo es el templo que tu alma ha escogido durante la encarnación, ¿no es así? Cuando hablamos de cuerpo, nos referimos a todos los cuerpos: el físico y el capullo de luz. Si estás armonizado y en contacto con tu esencia, si la personalidad ha conseguido cierto grado de transparencia, entonces tu cuerpo irradiará salud; en caso contrario, si te alejas de ti mismo, también te alejarás de ella.

Los escollos, los obstáculos engendrados por los síntomas, el malestar y la enfermedad, indican cierta dificultad de unión en tu interior. También puede ser que utilices esta experiencia para alinearte progresivamente. De lo que se trata entonces es de acogerlos, aunque nosotros no podemos obligarte a ello. La decisión es tuya, ya que eres dueño de tu vida.

¿Cuáles serán los efectos de esta contemplación? ¿Qué vas a encontrar? ¿Recordarás quién eres? Deja que el amor penetre en ti. Si optas por vivir esta experiencia desde la personalidad y la separación, deja que el desamor guíe tu vida. Si, por el contrario, deseas la unión, permite que el amor circule en tu interior. Porque te repetimos que el amor es la vibración que lo ensambla todo.

CAPÍTULO 4

Los vínculos entre las almas

Muchas entidades han decidido experimentar la carencia para descubrir la plenitud y el vacío.

Ahora vamos a transmitir una enseñanza sobre las distintas asociaciones de almas en el Universo: almas hermanas, almas gemelas, almas dobles y almas hermanas primordiales. Tienes la opción de reducir la enseñanza a la dimensión terrenal, de sorprenderte, llorar y recrear la carencia afectiva a raíz de lo que transmitiremos. O tienes también la posibilidad de alegrarte con motivo de esta enseñanza.

Las almas hermanas

Las almas hermanas son las que, en el más allá, «firmaron un contrato» por el que se comprometían a reunirse durante la encarnación para cumplir una acción específica. Estas almas tienen, pues, por decirlo de alguna manera, una misión común. También se pusieron de acuerdo para recibir, en el más allá, una iniciación que las unió entre sí mediante unos puentes de luz a la altura de los chakras superiores, situados encima de la coronilla. Esos puentes generan una fuerza de atracción, una unificación que afianza el movimiento, la identidad misma de la familia a la que pertenecen. Puede suceder que dos almas hermanas sean de familias diferentes, y entonces esta unión consolida a las dos familias. ¡Todo responde a un fin! Aunque se decida no actualizar la unión ni recrear los lazos de reconocimiento del corazón, del alma y de la conciencia, el simple hecho de estar leyendo estas enseñanzas aumenta el potencial energético de tu familia de almas a través de la densidad terrestre y esto atrae a las almas de la propia familia.

Las almas gemelas

Las almas gemelas son de la misma familia. Pueden encontrarse en todas las posiciones de la célula, excepto en el núcleo, porque las almas que lo componen ya están acopladas a un alma hermana primordial. Estos lazos sirven para dar más consistencia a las demás posiciones de la familia. Las probabilidades de que tu alma gemela esté en la misma posición o en una posición muy cercana a la tuya son altas. Esta complementariedad fortalece la célula y alimenta la posición o las posiciones cercanas. Estas almas están unidas por lazos que se complementan pero que son distintos a los de las almas hermanas. Afianzan los vínculos, la acción y el reconocimiento en el seno de la familia.

¿Cómo llegan a ser gemelas? Se compenetran más con las almas que las rodean. Sus lazos se crean por complementariedad y por elección durante la encarnación. Tu alma es libre en todo momento, y por eso puede elegir cuando lo desee.

Las almas dobles

Las almas dobles son dos almas de la misma familia y de la misma posición que han reconocido que tenían exactamente el mismo tono vibratorio. A raíz de este reconocimiento, han decidido hacer la experiencia de ser almas dobles, es decir, convertirse una en el polo opuesto de la otra. Son una polaridad: lo femenino y lo masculino, el yin y el yang, el sol y la luna. Estas almas, pues, han decidido experimentar uno de los polos, es decir, una asume el aspecto femenino, el yin, la luna, y la otra, el aspecto masculino, el yang, el sol. Evidentemente, esto no es más que un ejemplo ilustrativo.

Con esa finalidad, las dos almas se han fusionado en el seno de la familia, se han convertido en una sola y luego se han desdoblado. Al desdoblarse, han asumido los polos opuestos. La mayoría de las almas dobles encarnadas actualmente en el Planeta son del mismo sexo: dos mujeres, almas dobles; dos hombres, almas dobles. Cuando las almas dobles se unen, no crean un capullo sino una suerte de receptáculo, una forma triangular incolora y **totalmente transparente.** Se trata de una forma geométrica parecida al triángulo.

¡Pero cuidado! Estas almas viven igualmente esta polaridad en su interior y, cuando se encuentran, se ven confrontadas a este nivel. Es urgente que, al reencontrarse, estas almas sanen su pareja interior. Si no están preparadas, el reencuentro con el alma doble puede desestabilizar por completo su polaridad. El objetivo de este reencuentro es que las almas, al relacionarse, reconozcan el polo que les falta y que la otra posee. Es fundamental que las almas integren esta polaridad en su interior y entonces esa pareja de almas dobles podrá ser un receptáculo para impartir enseñanzas muy poderosas al servicio de la evolución del Planeta, desde el amor.

Esta pareja también puede optar por la oscuridad. Toda pareja puede escoger el amor que sana o el amor que destruye. En el planeta Tierra existe el libre albedrío. Lo que acabamos de transmitir lo pueden interpretar de otro modo y enfocarlo con vistas a la destrucción. La Fuente no juzga.

Las almas hermanas primordiales

El alma que ha escogido habitar el núcleo tiene un alma hermana primordial. Provienen de la misma chispa divina, que fue ganando en densidad hasta llegar a ser alma; luego, esta chispa-alma se escindió en dos almas diferentes. La fuerza de atracción que une a estas almas representa la fuerza misma del núcleo. La razón de la existencia de estas almas es servir a la Fuente, simplemente. En la encarnación terrestre, las personas con almas hermanas primordiales están a la espera y van en busca de su otra «mitad». Pero cuidado con utilizar nuestras palabras en el sentido de los condicionamientos amorosos que se dan en la Tierra. No estamos hablando de la pareja desde el punto de vista sentimental, sino desde la perspectiva del alma.

Si proyectas en esta alma todas las leyes terrestres, vas a sufrir. Porque el destino de estas almas hermanas primordiales no se reduce al «chico busca chica». El objetivo de las almas hermanas, sean primordiales o no, es ponerse al servicio de un plan superior de conciencia, ponerse al servicio de la condición divina a través de la encarnación.

Puedes utilizar la dependencia afectiva para creer ilusoriamente que eres un alma hermana primordial y dedicarte toda la vida a buscar la media naranja, convencido de que no puedes vivir sin ella a pesar de no saber siquiera quién es. Y no vivir tu vida detrás de esa quimera. ¿Sabías que los condicionamientos terrestres pueden influir en el reconocimiento de tu identidad? Te invitamos a soltar lo que amarras y a explorar este reconocimiento no desde tus heridas sino desde tu intuición profunda.

Por su origen y la fuerza vibratoria que las anima, estas almas se buscan mutuamente. No es seguro que se encuentren durante la encarnación, porque pueden existir interferencias. A título de ejemplo he aquí algunas:

- Podría pasar que las dos almas hermanas primordiales estuvieran en el núcleo de una célula en fase de escisión y que una de ellas decidiera salir del núcleo inicial para habitar en la nueva célula. «¡Qué horror!», podrías decirnos, «¿por qué deben separarse?». Pues, simplemente, para servir a la Fuente. Y no te preocupes, en el más allá las almas no están tristes por esta situación, porque su meta es servir a la Fuente y esto es exactamente lo que hacen.

- También podría suceder que justo en el momento en que las dos almas hermanas primordiales deciden encarnarse en un mismo planeta, una de ellas cambia de idea en el último instante y se niega a seguir a la otra. El alma encarnada puede sentir como un vacío, como si le faltara una mitad, e intuir que esta mitad no se encuentra en la Tierra. Entonces puede enfadarse mucho y tener siempre presente la carencia o bien tomar la decisión de unirse telepáticamente con su alma hermana primordial, recuperar su visión común y proseguir con la misión que debían culminar juntas.
- La fuerza de atracción de estas almas implica una fuerza equivalente de repulsión. Inconscientemente, puede haber pánico a encontrarse por múltiples razones, y existe la posibilidad de que ese miedo trunque las citas que habían acordado en el tiempo.

Pongamos ejemplos más «concretos» de las tres clases de «separación» que pueden afectar a las almas hermanas primordiales. Cuando una célula familiar se escinde para crear otras, pasa por un periodo de fragilidad, una forma de vibración semejante a un ligero terremoto en el mundo de las almas, porque, debido a esta escisión, algunas almas primordiales decidirán irse para formar parte de la nueva familia. Dejarán de existir como almas hermanas primordiales, porque habrán abandonado la vibración del núcleo inicial para posicionarse en núcleos diferentes y respectivos. Dejarán, pues, de ser almas hermanas primordiales. ¿Por qué? Porque, al no constituir un par, carecerán de la misma fuerza. Al perder este tipo de unión, pierden densidad. Esto no significa que se debiliten; pierden densidad y se preparan para vivir una transmigración del alma, es decir, un cambio de posición en el seno de la familia que las llevará del núcleo a otro emplazamiento.

Veamos otro ejemplo: dos almas que forman parte de una familia con un solo núcleo y quieren encarnarse juntas en el planeta

Tierra: «¡Cambio de milenio! ¡Qué interesante!», se dicen, y están a punto de encarnarse cuando, de repente, un alma hermana primordial le dice a la otra: «¡No! ¡No voy a encarnarme porque no me gusta lo que se avecina!». Pero la otra está decidida y sigue adelante. ¿Consecuencia? Que un alma se encarna y la otra no. ¿Qué pasará? Hemos encontrado a almas encarnadas en esta situación con mucho resentimiento acumulado tanto en el astral como en los demás cuerpos sutiles. Sabían que su alma hermana primordial existía, pero que no estaba en el planeta Tierra. El alma encarnada es capaz de sanar esta herida, entrar en contacto de nuevo con el alma hermana primordial no encarnada y mantener la vocación conjunta.

También hemos conocido a almas hermanas primordiales que se han encarnado juntas y se han encontrado al cabo de cuarenta y cinco o cincuenta años de vida terrestre, plenamente conscientes de la existencia de la otra 'mitad', porque el lazo que une a estas almas es muy poderoso. Se han encontrado y se han reconocido, pero resulta que, como las almas son libres, han decidido no llevar a cabo su acción en *la fisicalidad.* Y no exclames: «¡Qué desgracia! ¡Es terrible!». Esto es, punto y aparte, porque son libres. Son dueños de su vida en todo momento. Pueden coincidir con el alma hermana primordial y decidir no actuar conjuntamente con ella en la *fisicalidad.* De todos modos, los vínculos telepáticos están siempre presentes y la acción puede continuar con el concurso de la conciencia o sin él, aunque es cierto que la conciencia favorece el cumplimiento de la misión. En ese caso, se puede sugerir al alma hermana primordial: «No quiero actuar en la *fisicalidad* pero una vez al mes podemos conectarnos telepáticamente a través de la meditación». Así, conscientemente, mediante la telepatía, alinearán la visión y la fuerza en beneficio de la familia.

Si perteneces al núcleo es fácil saber si tu alma hermana primordial está encarnada o no. Es suficiente con conectarse con ella y, si está encarnada, sentirás una gran densidad. Si, por el contrario, sientes que el lazo que las une flota ligeramente, eso significa que no lo está. De todos modos, no estará lejos. Aunque no esté encarnada, puedes reconocer la unión, sentir su presencia en el más allá y aunar fuerzas para incidir en el planeta Tierra.

Cuando se reconozcan y decidan actuar juntas, poco importa la forma que adopte esa unión: como pareja hombre-hombre, mujer-mujer, hombre-mujer, como madre-hijo o padre-hijo, como amigos... Lo fundamental es que escojan, con toda libertad, con una conciencia y un corazón libres, unirse, fusionar sus energías para servir a un plan que les será revelado, porque es el plan de tu familia de almas. Sin embargo, son libres. Por lo tanto, todo es posible. No hay obligaciones. Lo que no se pueda vivir en esta vida se podrá vivir en otra.

El día que les transmitimos esta enseñanza en la ciudad de París, un alma hermana primordial, que no fue seguida por su «otra mitad» en la *fisicalidad,* levantó la mano y nos preguntó: «Como mi alma hermana primordial no quiere colaborar conmigo en la *fisicalidad,* ¿podría cambiar de posición, por favor?». Eso no depende de nosotros. Informamos a esta alma que no se recomienda cambiar de posición por causa de una herida, de un condicionamiento, por desgarro interior o por reacción, ya que las familias de almas se bañan en el amor incondicional. También le dijimos que es posible cambiar de posición. Todas las almas pueden, en un momento preciso de su evolución, dejar la posición que ocupan para ubicarse en otra. No obstante, la elección no proviene del planeta Tierra.

Le explicamos que le sería posible dejar el núcleo cuando abandonara el Planeta, cuando volviera a su familia de almas y allí, si realmente fuera esa su voluntad, cambiar de posición. También podría dejar el núcleo antes, si aceptara, desde la conciencia y no desde la herida, toda una serie de etapas de transmutación del alma encarnada para ser capaz de experimentar esa transmigración, ese cambio de emplazamiento. Estas fases de tránsito son muy exigentes, *muy exigentes.* Suponen una vía iniciática poco común en el planeta Tierra, una vía que nosotros no sugerimos. Como el alma en cuestión insistía, le transmitimos la siguiente información: sería muy delicado cambiar de posición como resultado de una herida, porque el alma podría salir perjudicada con una herida aún más profunda.

Por lo tanto, si formas parte del núcleo y quieres dirigirte a la periferia pasando por determinadas etapas de transmigración, debes saber que esta decisión no se toma en el más acá. Puedes cambiar de posición, puedes volver a ser chispa divina y fundirte con la Fuente, volver a nacer, retomar el manto del alma y la vibración de otra familia. La posición no es fija y tu identidad no es una estructura rígida. No es necesario ocupar todas las posiciones en una célula familiar para volver a ser chispa divina. Podrías alojarte en el núcleo y, desde ese núcleo, volver a la chispa divina o estar en el filtro y, desde ahí, vivir toda una serie de etapas de transmigración para volver a la chispa divina. Eres libre.

Muchas entidades terrestres nos piden y nos preguntan: «¿Estamos obligados a ser de la misma familia durante toda la eternidad?». En el plano terrestre, conoces el límite del tiempo, pero en el más allá el tiempo no existe. El movimiento de la vida es eterno. Sin embargo, no tengas miedo, puedes cambiar de familia, pero no al capricho del ego o de las sucesivas encarnaciones. Toda alma puede volver a ser chispa divina o vivir la transmigración. El alma escoge sus etapas para servir a la Fuente y no a las heridas de la encarnación. Y no precisamente una vez al año, porque en el más allá el tiempo no existe.

En resumen

Estar en el núcleo implica tener un **alma gemela primordial.** Se pueden tener más almas hermanas, aunque no primordiales, pertenecientes a la misma familia y no a otra, porque ello iría en contra de la función principal, que es la de mantener la solidez del núcleo. Aparte del alma hermana primordial, pueden existir, pues, vínculos con otras almas hermanas, pero siempre dentro de la misma familia.

En las demás posiciones, no se cuenta con un alma hermana primordial, sino con **almas hermanas** que pueden pertenecer o no a la misma familia. Reconocer estos vínculos ayuda a las familias de almas a unirse en la Tierra. Los lazos entre **almas gemelas** y **almas dobles** se dan siempre en el seno de la misma familia.

Si se pudieran ver los distintos **lazos que unen a las almas,** percibirías lo siguiente: en las **almas hermanas,** puentes de luz por encima de sus cabezas. Sin embargo, si las colocaras juntas, contemplarías puentes de luz que se multiplican hasta el infinito. En lo que respecta a las **almas gemelas,** todos sus chakras están unidos entre sí, la base con la base, el hara con el hara y así sucesivamente, mediante largas cuerdas de luz. No son puentes sino más bien tubos, cordones de luz. Las **almas dobles** no componen el mismo tipo de receptáculo en forma de capullo, sino que se incluyen en una forma triangular incolora y transparente. Las **almas hermanas primordiales** están enlazadas y suelen parecerse mucho en el nivel vibratorio e incluso físico. Lo mismo acontece con las almas gemelas, a causa de su complementariedad. Desarrolla tu percepción.

En resumen, pues, las **almas hermanas** pueden pertenecer a la misma familia o a otras, mientras que las **almas gemelas** solo pueden pertenecer a la misma, ocupando, ya sea, una misma posición o bien otras muy cercanas. Por su parte, las **almas dobles sí** deben formar parte de la misma familia y ocupar la misma posición, mientras que las **almas hermanas primordiales** solo pueden localizarse en el núcleo de una misma familia, ya que su identidad es demasiado fuerte como para que forjen vínculos con almas de otra familia.

Reconocimiento entre almas

Hay personas que nos preguntan acerca de cómo se vive un reconocimiento entre dos almas. Dicho reconocimiento no se da en el nivel de la envoltura física sino más bien en el de los fluidos. En el seno de la misma familia es donde se produce un reconocimiento que no se explica intelectualmente. Cuando se encuentran fluidos idénticos, los cuerpos respiran y se expanden. Si pudieras ver a **dos almas de la misma familia** en un lugar público, observarías que, de repente, todos sus cuerpos sutiles se abren y respiran.

Imagina diez parejas así en una estación de tren. El encuentro crearía una vibración de luz, porque los fluidos se entrelazarían y los capullos empezarían a vibrar a la misma frecuencia. Se produciría una respiración al unísono que sanaría casi automáticamente sus cristalizaciones. Tales efectos surten el vínculo entre almas de la misma familia.

Si se tratara de **almas hermanas de la misma familia,** esos efectos serían más intensos, porque los puentes de luz entre las coronas se iluminarían. Como los puentes actúan a modo de vasos comunicantes, se generaría una fuerza que uniría todavía más a las almas y se intensificarían la respiración y el intercambio del fluido vibratorio.

Imagina ahora el encuentro con un **alma de otra familia.** Quizá se requiera algún tiempo antes de reconocer el fluido y ajustarlo. Dicho encuentro sirve para reforzar la unión entre las familias.

Las **almas hermanas de familias diferentes,** por ejemplo el caso de un sanador con la función de estabilizador y un maestro con la misma posición, deberán ajustar sus fluidos. No será difícil, porque los puentes que las unen remontan a muchas vidas anteriores. Esto propicia el reconocimiento entre dos almas que deseen activar de nuevo los puentes en esta encarnación y facilita el ajuste de los fluidos. El reconocimiento de los puentes induce a que las almas de la propia familia se reencuentren, se reconozcan y se ajusten. Se favorece la unión de los sanadores con los maestros. ¿No es maravilloso?

Como son libres, pueden fortalecer los vínculos entre las almas e incluso crear otros nuevos. Cuanto más unidas estén las familias, tanto más ajustarán su nivel vibratorio, adecuándolo a la luz y la divinidad, y tanto más revitalizarán la fuerza de cohesión celular en el planeta Tierra.

Preguntas

P.—Cuando un alma transmigra y deja el núcleo para situarse en los estabilizadores, ¿el lazo que la unía con su alma hermana primordial se debilita? ¿Se convierten en almas hermanas?

R.—Sí, porque la transmigración quita densidad y de ahí que la transmigración de una repercuta en la otra. Ahora bien, como las almas son libres, la otra parte puede negarse a elevar su vibración a causa de esa influencia o aceptarlo. Dejará de ser primordial. Si cambia de posición, deja de ser alma hermana primordial, porque ese estado se da solamente en el seno de la densidad, de la identidad del núcleo.

P.—¿Sería posible que el núcleo de una célula se compusiera de almas hermanas primordiales «separadas»?

R.—No. Lo que genera la fuerza del núcleo es justamente la presencia de almas hermanas primordiales reunidas en pares; esta es la fuerza de atracción que une a esas almas. Cuando se separan, esta fuerza deja de existir.

P.—¿Cómo se crean las almas hermanas primordiales?

R.—Cuando la chispa divina se escinde, lo hace en el manto del alma. Durante un tiempo, dos partes de la misma chispa divina habitan bajo el mismo manto. En un momento dado, el movimiento sigue su curso y el manto también se escinde en dos. El alma lo recuerda perfectamente, porque este movimiento se desencadenó en un solo manto. En lo que respecta a la chispa divina, la única memoria que guarda es la fusión. Y no con otra parte, sino la fusión en sí, pura y simplemente.

P.—¿Puede pasar que reconozcamos a un alma hermana pero que esta no nos reconozca a nosotros?

R.—¡Claro que sí! Porque el reconocimiento de la vibración de un alma hermana o de un alma perteneciente a tu familia depende del grado de transparencia interior que tengas. Tu alma vibra cuando se encuentra con un alma hermana. ¿Estará dispuesto el ego a escuchar esta vibración? Si es transparente, vibrará a la par, pero, si es como un rascacielos, sentirá el zarandeo e inmediatamente se repondrá; se cerrará aunque los cimientos se hayan fisurado. Estarás entonces ante una cita frustrada.

P.—Hablas de diferentes clases de vibraciones en el más allá, entre otras las de los guías. ¿Tenemos uno o varios guías? ¿Forman parte de la misma familia o existe una familia específica de guías?

R.—En la encarnación, muchos de los guías pertenecen a la misma familia de almas, aunque también pueden pertenecer a otra y entonces se encargan de conducir al individuo hacia aquella alma hermana que forma parte de la misma familia que ellos.

P.—Dices que lo que está arriba es como lo que está abajo. En la fisicalidad abandoné a mi familia terrestre porque me oprimía. ¿Es posible hacer lo mismo con nuestra familia celeste, nuestra familia de almas?

R.—Las proyecciones terrestres no sirven en el más allá porque ahí estás inmerso en el seno de la Fuente. El sentimiento de opresión no existe en el otro lado, donde prevalece la expresión de tu divinidad y la vivencia de la unión. Cabe recordar, no obstante, que algunas familias están compuestas de varios núcleos y, cuando estas familias atraviesan periodos de mutación, se escinden para crear otras, conservando siempre la energía de la identidad primigenia de la familia.

En estas fases de mutación, cuando el núcleo se divide o los núcleos reagrupados se separan para formar otras familias, se produce un estado de fragilidad en lo que se refiere a los fluidos vibratorios que circulan en la familia. Algunas almas, aunque se bañen en la Fuente, pueden aprovechar este momento de fragilidad para alejarse de la familia de almas o incluso para decantarse por la oscuridad, que también está presente en el más allá. Lo que no existe es la densidad tal como la conocen aquí.

Decíamos, pues, que durante esas mutaciones, mientras la familia se reorganiza y los fluidos recuperan su posición, emplazamiento y fluidez, algunas almas pueden reaccionar frente a estos movimientos. Pueden rebelarse y escoger una vibración distinta de la divina. El más allá no es un lugar de reposo, sino de constante evolución.

Has elegido una familia terrestre. Si te oprimía esta familia, te invitamos a sanar dicha opresión. *Sana esta opresión.* La familia de la Tierra es el espejo de cierto nivel de condicionamiento terrestre. Este condicionamiento no se da necesariamente en el más allá, y tu familia de almas puede ayudarte en este proceso de sanación.

P.—¿Podrías extenderte en el tema de las citas frustradas?

R.—Al escoger la encarnación, has escogido el reencuentro con tu familia. No estamos hablando de la terrestre sino de la celeste. Bien en el seno de tu familia de almas, bien en el de otras familias, has concertado citas con una serie de almas hermanas. Debido al filtro de la encarnación, puede que las hayas olvidado, pero ellas, las citas, no los olvidan a ustedes, porque no dejan de pertenecer a la familia de almas ni dejan de ser quienes son. Aunque caiga en el olvido, su alma continúa empujando. A veces empuja a acudir a una cita y, al llegar, te preguntas qué estás haciendo allí y te marchas. Y resulta que pasas por alto un encuentro importante solo porque la persona tenía los cabellos cortos o porque no iba vestida a la moda o el timbre de su voz no era de tu agrado o el sitio no era el adecuado, etc. Existen todas las razones del mundo para explicar una cita fallida. Utilizamos esta expresión: «fallida», no porque juzguemos esta situación sino simplemente para darnos a entender. Aunque ustedes no lo sepan, su alma sí lo sabe, el alma del otro o de los otros sabe que la cita queda pendiente y deberá celebrarse en otra ocasión.

Estas citas fallidas dejan tras de sí cierta pesantez vibratoria, una especie de energía residual en el canal o *shushumna.* Por eso hemos transmitido a los sanadores un ritual apropiado para intervenir y descristalizar estos residuos debidos a las citas frustradas, lo cual permite que el alma y la personalidad se alineen de nuevo con vistas a las próximas citas. Eso no está ni bien ni mal, simplemente es así. Puedes decidir no responder a veinticinco citas o escoger solo tres. Eres dueño de tu vida, eres libre.

P.—¿Cómo podemos saber cuándo nos espera una cita de almas?

R.—Cuando te espera una cita, tu alma lo sabe. Lo comunica a través de los sentidos a todas las células de tu envoltura física. La existencia en esta encarnación pasa por los sentidos, y tu alma los utiliza para comunicarse con la conciencia. Quizá la personalidad esté muy orgullosa de la cita porque la entidad en cuestión corresponde a los criterios de tu sociedad y él o ella dista mucho de parecerse a un extraterrestre. Tu personalidad a lo mejor se siente halagada y tu alma, en cambio, reacciona con un ligero movimiento de retroceso. La personalidad se preguntará: «¿Qué le ocurre al alma? ¿Por qué reacciona así? ¿Por qué está triste?» Porque el alma acaba de reconocer a un alma de su familia con la que ha vivido muchas encarnaciones y padecido muchas heridas, y he aquí que se presenta de nuevo la posibilidad de sanar. Triste o alegre, el alma exclama: «¡Por fin!».

También puede suceder que la personalidad se quede muy sorprendida; entonces, ¿cómo saberlo? Tu alma se comunica mediante lo más profundo que hay en ti, desde tu percepción profunda y no desde los reflejos condicionados. Tu personalidad, en cambio, actúa desde la superficie. No *sabrás* que se está dando una cita de almas: lo *sentirás.*

P.—Has mencionado el *walk-in*. ¿Podrías explicar qué entienden ustedes por *walk-in*?

R.—Con tal de que comprendan bien este fenómeno, vamos a imaginar el siguiente escenario: dos almas no encarnadas deciden, en el más allá, «compartir» una encarnación igual como si dos conductores decidieran compartir el mismo automóvil. Una de ellas decide vivir los primeros años hasta una edad determinada y entonces la otra alma tomará el relevo. En la *fisicalidad,* a la edad acordada en la que debe efectuarse el cambio de alma, la persona sufre un trauma: un accidente, una enfermedad grave, etc. Trauma que viene acompañado a menudo de un estado de coma, que será el detonante del que se servirán las almas para realizar el intercambio. El alma que habitaba el cuerpo desde el nacimiento se va y es sustituida por la otra. Al despertar, la persona suele estar confundida, no reconoce a sus padres o amigos, se siente perdida en esta vida que recién estrena el alma que acaba de tomar posesión de ese cuerpo. *Walk-in...* Hay muchas probabilidades de que estas almas sean de la misma familia y ocupen la misma posición. De esta manera, al alma que se instala le resulta más fácil ajustarse.

Si fueran de familias distintas, se toparían con más dificultades a la hora de enfrentarse con este fenómeno. ¿Cuál es el objetivo? Unir a las familias. Supongamos que el alma que habitaba en la envoltura era de la familia de los chamanes y que la nueva es la de los enseñantes. En las células de la envoltura física se casará la energía de los chamanes con la de los enseñantes y eso creará un vínculo entre ambas familias. De todos modos, la integración de la nueva alma será más difícil porque el alma anterior pertenecía a otra familia. Se dan muchos *walk-in* en la familia de los barqueros. Es típico de esta familia, cuyas almas gozan de una gran facilidad para cambiar de envoltura por el hecho de carecer apenas de densidad.

P.—Debido a todos nuestros condicionamientos, nos cuesta captar el sentido «celeste» de la separación de dos almas hermanas primordiales durante la escisión de una célula. Según parece, este movimiento supone un auténtico terremoto para esas almas…

R.—Cuando dos almas hermanas primordiales se separan, puede haber desgarro o revuelta, pero no en función de las emociones terrenales. Cabe decir, sin embargo, que la aceptación no siempre es total y eso debilita la identidad vibratoria de esas almas. Es toda una prueba. De todos modos, si un alma decide formar parte de la escisión del núcleo y dejar al alma hermana, es porque es capaz de vivirlo y la otra también. Han decidido separarse para servir... Vamos a utilizar un verbo muy terrestre: ¡han decidido «sacrificarse» por la familia!

P.—¿Qué lleva a un alma hermana primordial a «sacrificarse» por la familia?

R.—En tu alma alumbra la chispa divina. Es tu código genético. El fin último de la existencia del alma es el de servir a la chispa divina, servir a la Fuente y, por consiguiente, servir a la familia. No a la terrestre sino a la familia de almas. El alma hermana primordial opta por separarse para servir a la evolución de su familia y, por lo tanto, a la de su alma. No se puede comprender esto con el ego: en el más allá la separación no existe, aunque haya escisiones.

P.—Creía que las almas hermanas lo eran para siempre. ¿No ocurre lo mismo con las almas hermanas primordiales?

R.—Depende del grado de conciencia. La eternidad es una vasija, un receptáculo, no conoce fin. El alma hermana primordial comparte su identidad con otra. Sin esta, dígannos: ¿quién es? Vuelve a ser ella misma en el interior de su familia, nada más y nada menos. Aplicas los condicionamientos terrestres para comprender lo que intentamos transmitirles, cuando, en realidad, estamos hablando de leyes celestes, de leyes sin condicionamientos.

Como ya hemos explicado, ustedes son una llama, una chispa divina que se subdividió en dos, tres, cuatro, seis... ¿Creen que por eso les falta algo? Evidentemente, podrían enfocarlo desde las emociones terrestres y tratar de ir en busca de la otra chispa divina; entonces les diríamos que es cosa del ego, porque, cuando la chispa se divide, es pura divinidad. ¡La identidad brilla por su ausencia! ¿De verdad creen que la Fuente llora porque no se han quedado en su regazo? Dar vueltas al hecho de que necesitan sin falta a la otra chispa divina es un truco del ego espiritual. Está claro que el alma puede experimentar estas emociones y no decimos que haya que negarlas, solo que deben comprender que, cuando la chispa se divide, carece de identidad, es pura vibración. No sufre ningún tipo de carencia o de vacío.

Las almas están dotadas efectivamente de identidad, pero esta identidad no es terrestre sino celeste. Es como si hubiera una fijación por lo que respecta a las almas hermanas primordiales y eso tiene que ver con la dependencia afectiva terrestre o el ego espiritual de la Nueva Era. ¡Suelten el control y respiren!

P.—¿Cómo es posible que, en el más allá, parte de las almas quieran asociarse al movimiento de las sombras?

R.—Las almas son siempre autónomas y libres de escoger lo que quieran. Pongamos como ejemplo las almas que se localizan en el núcleo. Su identidad es muy poderosa y eso representa al mismo tiempo una prueba. Supongamos que una de ellas, las almas encarnas tiene un ataque de ira por el hecho de separarse de su alma hermana en una fase de escisión. Es probable que, por pura rabia, decida decantarse por la oscuridad y crear a partir de ahí una familia de almas. Bastaría con que se asociara con otras almas escindidas y pertenecientes a otras posiciones. Hay, pues, familias de almas que se alimentan de la oscuridad. Es simple, ¿no? Pero no se preocupen: disfrutan en todo momento de la posibilidad de elegir de nuevo la luz, ya que la Fuente no juzga sus actos.

No juzguen a su parte oscura. Es inherente a la encarnación. Están rodeados de oscuridad. Y nosotros también la bordeamos constantemente; está ahí, la saludamos y la amamos. Ahora bien, esa no es nuestra elección. En su vida personal o transpersonal, la pregunta clave es la siguiente: *¿Cuál es tu elección?* ¿Eliges alimentar la ira o el odio en tu interior? ¿O bien eliges reconocerlos sin identificarte con ellos? ¡Eres libre!

P.—Has comentado que cuando una célula se escinde, puede crearse un espacio de debilidad dentro de la célula y que dicho espacio sirve a la Fuente. ¿Podrías hablar un poco más al respecto?

R.—Hemos empleado esta expresión a título de ejemplo. Sin embargo, la palabra debilidad no es la más adecuada, porque se trata, mejor dicho, de un estado de evolución. Cuando se da un espacio de pérdida de identidad para encaminarse hacia una nueva forma de identidad, estamos de nuevo ante un periodo de evolución y tránsito. Un periodo así entraña un movimiento que genera una circulación más o menos intensa de energía. Si hay resistencias, negativa a colaborar o cuestionamientos, algunas almas pueden aprovecharlo para reaccionar a la luz y dirigirse a espacios más sombríos. Porque, ya saben que, en cuanto se produce un movimiento, también se puede ofrecer resistencia. Cuando decimos que esto sirve a la Fuente es porque no se emiten juicios. Toda evolución sirve a la evolución, al movimiento y a la Gracia.

CAPÍTULO 5

Colores y correspondencias vibratorias

Vamos a someter a tus hemisferios a un ejercicio de gimnasia.
Atrévete a perderte para reencontrarte más plenamente.

Si pudieras desarrollar y acrecentar tu conciencia, al mirar a tu compañero o compañera, no solo verías el maquillaje sino también el color vibratorio de su alma. No estamos hablando del color del aura sino del que va asociado a las distintas familias de almas.

El aura es la suma de las energías encarnadas en la *fisicalidad*, en el inconsciente colectivo, en tu domicilio, con o sin contaminación, con o sin luna llena. El aura es lo que emana de tu capullo de luz, y el color vibratorio del alma es lo que emana de tu alma.

Imagina que te elevas por encima del Planeta y llevas unos grandes prismáticos para buscar a tu familia de almas. Bastaría con contemplar los puntos de luz que divisarías y observar su color para identificar dónde hay miembros de la familia de sanadores o chamanes o comunicadores, etc. Verías brillar llamas coloreadas esparcidas por todo el Planeta. Te dirías: «¡Vaya, vaya, hay almas de mi familia repartidas por Nueva York! ¡Veo un grupo en Quebec! ¡Y otro en París!...».

Vamos a describir el color vibratorio asociado a las diferentes familias y, por lo tanto, a sus componentes. Quizá tengas la impresión de que nos inventamos colores nuevos, pero siempre es fácil poner palabras terrestres a «realidades celestes». Vamos a intentarlo.

El color vibratorio de la familia de los **sanadores** es el verde esmeralda.

El de la familia de los **guerreros sanadores** es el verde esmeralda teñido de color ámbar, o sea, un verde ambarino.

El de la familia de los **chamanes** es una mezcla de verde y naranja.

El de la familia de los **guerreros enseñantes** es una mezcla de verde y azul marino.

El de la familia de los **maestros** es el dorado.

El de la familia de los **guerreros** es el ámbar.

El de la familia de los **enseñantes** es el azul índigo.

El de la familia de **hadas alquimistas** es un nácar rosado, teñido de rojo fuego.

El de la familia de la **comunicación** es el azul perla ceniciento.

El de la familia de los **barqueros** es un violeta muy suave, teñido de blanco.

El de la familia de los **pilares** es plateado.

El de la familia de los **mecánicos** es el marrón dorado.

Por último, el que corresponde a los **iniciadores de conciencia** es una ausencia de color, como una luminosidad transparente.

Es posible asimismo relacionar las diversas familias con los chakras del cuerpo humano. ¡Te verás obligado a estirar tu conciencia! Si tomamos como ejemplo el cuerpo humano, se podría decir que la familia de los **maestros** corresponde a la coronilla. La gran familia de los **sanadores,** al corazón, y la de los **chamanes,** al hara. Los **barqueros** se relacionan con la zona situada entre el plexo y la garganta; como son muy fluidos, circulan en especial por las áreas correspondientes a la conciencia, la garganta, el corazón y el plexo. La familia de los **guerreros** se empareja con la conciencia y los **guerreros sanadores** se sitúan alrededor del timo y el plexo. Los **pilares** remiten a la base, las rodillas, los pies y la zona circundante; se mueven constantemente, porque esta familia patrulla y vigila los demás universos. Si continuamos con la imagen del cuerpo, del árbol de la vida, estas almas se asocian, pues, con el enraizamiento (tobillos, rodillas y base), aunque deban circular por todas partes. Los **mecánicos** están cerca de la zona de los maestros, es decir, la coronilla y la conciencia. La familia de las **hadas alquimistas** corresponde a la ventana de la conciencia, y la de los **enseñantes** a las suprarrenales y la zona del canal correspondiente. La familia de la **comunicación** se asocia al plexo y al corazón, no lejos de los sanadores y de los guerreros sanadores. De todos modos, se comunican a través del corazón y el plexo, con incursiones en la garganta. Se trata de una familia muy fluida, estable, pero fluida.

Si procuramos comunicar el universo de las almas y la localización de las familias en el seno de una célula mayor semejante a un cuerpo, es para ayudarles a comprender la importancia de sus familias en la dinámica del Universo. Ya saben que su Planeta también tiene chakras: están representados por ciertos territorios y países. Por consiguiente, verán que algunas familias se concentran en lugares concretos.

El cuerpo que acabamos de describir se transpone al planeta Tierra y a otros planetas que las familias de almas, que las almas de sus familias han elegido habitar durante un periodo determinado. Al superponerse estos cuerpos se establecen auténticas redes de comunicación, de chakra en chakra, de planeta en planeta, de cuerpo en cuerpo. ¡Todo encaja! *¡Todo encaja!*

Ejercicio

Te invitamos ahora a impregnar la conciencia, el corazón y el hara del color vibratorio de tu familia de almas. Acuérdate del color vibratorio de tu familia, que es el color de tu alma. Respira profundamente este color, di el nombre de tu familia e invócala en tu fuero interno. Llama a tu alma y a las almas de tu familia aquí en la Tierra y allí en el Cielo con este mantra cuyas vibraciones se prolongan más allá del AUM, intensificando así la vibración del alma en todas las células del cuerpo.

A um ne ü i nah

Recítalo pidiendo a la vibración de tu familia de almas, al color vibratorio de tu familia, que purifique cualquier tipo de cristalización que impida el reconocimiento de tu identidad y posición. Solicita a la vibración de tu familia celeste que te guíe hacia la reunión y la comunión con aquellas almas que pertenecen a tu familia en el planeta Tierra. Pide a la vibración de tu familia de almas que te guíe para que reconozcas la visión, la de tu identidad, de tu encarnación, de tu familia, visión que está al servicio de la evolución de la Tierra. Deja que la energía de tu familia penetre hasta el fondo de cada chakra, arraiga tu identidad en el amor y en la divina providencia. Inspira y espira a tu familia sin perder el enraizamiento.

Recita este mantra con las manos en el corazón, en la zona del punto de amarre de tu alma. Reconoce quién eres. Abre el corazón y la conciencia a tu realidad interna. Reconoce el vínculo telepático que existe con todas las almas de tu familia en el planeta Tierra y que, como tú, han escogido la encarnación. Contempla la llama vibratoria de las almas de tu familia sobre el planeta Tierra. ¡Contempla! ¿Son muchos? ¡Contempla! Fortalece el vínculo reconociendo quiénes son. ¡Reconoce!

Recita este mantra inspirando y espirando profundamente desde el vientre. Vacía de aire tus pulmones y, de nuevo, inspira y espira profundamente desde el vientre; vacía el aire, vacía, *vacía.* Inspira otra vez la luz hasta lo más hondo, mantenla ahí y exhala la luz, expeliendo el aire de los pulmones. Inspira el vínculo, inspira a tu familia de almas, inspira, mantén, mantén y espira. Vacía el aire y, de nuevo, inspira a tu familia, inspira su color vibratorio, inspira tu identidad, mantén, mantén y exhala.

Recupera ahora tu respiración habitual, tu ritmo, y estira suavemente la envoltura física.

Antes de acabar, nos gustaría añadir que llevar expresamente ropa del color de la familia de almas ayuda a entablar y a mantener contacto con ella.

CAPÍTULO 6

El Alma Madre y la visión

No intentes forjar el futuro porque el futuro pasa por la canalización de tu esencia, de tu corazón, de lo que sientes que es bueno y sano para ti. Eres tu camino; síguelo pues.

La exploración de conciencia a la que te invitamos exige que sueltes el apego a ciertas representaciones mentales y creencias sobre las familias de almas, las almas hermanas, las chispas divinas, los ángeles y demás. Tu conciencia deberá estirarse de nuevo con el fin de que amplíes tu visión del universo de las almas.

Eres fruto de la chispa divina, eres esa chispa. A pesar de ello, muchas almas en el Planeta no reconocen que han venido a experimentar la encarnación. Creen que son autómatas, robots con una única vida. Creen que solo existe el cuerpo físico, para usar y tirar.

Es extremadamente importante que concientices a tus congéneres acerca del universo de las almas, a tu ritmo y con ánimo de compartir tu experiencia. No te identifiques con la envoltura física ni con tu casa ni con tu cónyuge. Eres quien eres. Eres un alma habitada por la esencia, por la llama, que ha elegido encarnarse y ha necesitado una envoltura física, que ha escogido un padre, una madre, un esposo, una esposa, una profesión.

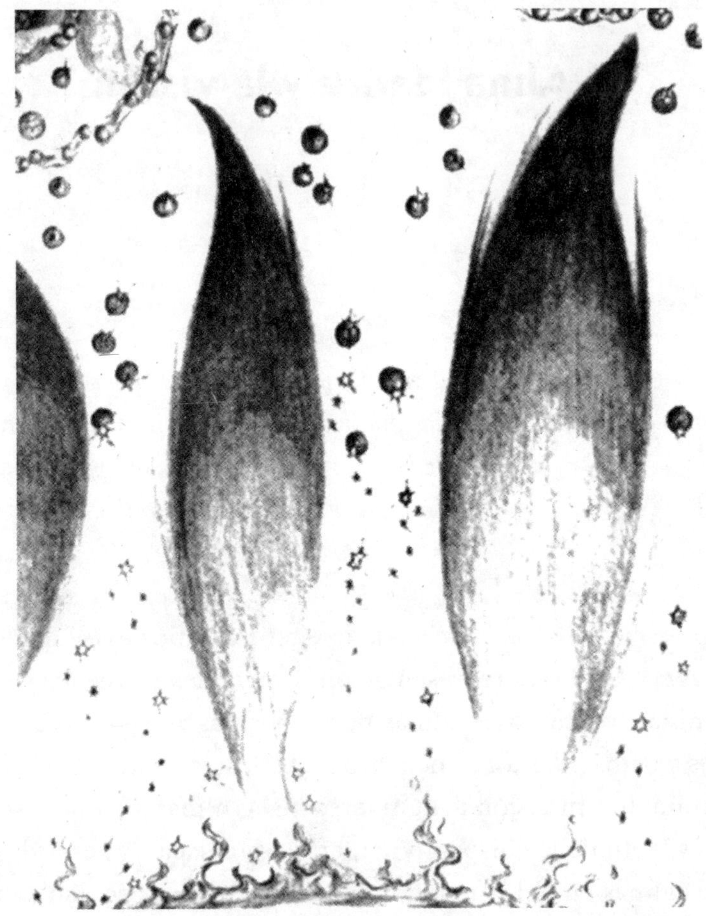

El Alma Madre y los sas vibratorios, según la visión percibida por Marie Lise Labonté.

Lo que acabamos de nombrar solo es un conjunto de medios para un fin: la evolución de tu alma. La envoltura física no es más que un medio. El domicilio, el coche, el cónyuge, los hijos también son medios al servicio de tu evolución, de la evolución de tu alma. Todo a tu alrededor apunta a este objetivo. Tu familia de almas es un medio que puedes aceptar o rechazar.

Vamos a presentar una visión estrechamente relacionada con la tuya. ¿Cómo descodificar tu visión? Medita y ora, atentos a los signos de la Gracia que se revelan en tu vida. No intentes retener esa visión, deja que siga su curso, ya que tu alma sabe por qué está en el planeta Tierra. Es posible que sus heridas, cuyo origen se remonta a multitud de existencias, desprendan inquietud, desasosiego, una especie de confusión; de ahí que el alma se resista a la encarnación y quiera regresar al más allá. Sin embargo, a pesar de sus heridas, a pesar del manto kármico, tu alma sabe. Por lo tanto, tú también sabes. Sabes cuál es tu visión y la de tu familia de almas, que viene a ser la misma. ¿Qué has venido a culminar en este Planeta? ¿A quién has venido a ayudar? ¿Qué alma hermana te está esperando? Siempre con rumbo al mismo norte: servir a la Fuente.

Vamos a guiarte en una forma de estallido de la conciencia. Nos gustaría presentar al **Alma Madre**. El Alma Madre es una vibración que, a modo de un filtro, engloba a todas las familias de almas. No obstante, no existen palabras para describirla. No es masculina ni femenina. Es un alma vastísima. Se la podría describir como un plano vibratorio que abarca al universo de las almas, pero eso no sería del todo exacto. También se podría hablar de una puerta vibratoria que permite que la chispa divina acceda al manto del alma sin dejar de ser ese destello de luz que es, y luego se encamine hacia su familia.

De hecho, se trata de una inmensa vibración al servicio de la Fuente y que transporta su fluido. Permite que las chispas que deciden asumir la identidad del alma nazcan al estado de alma, que el alma pueda nacer alumbrada por la chispa divina, y todo ello gracias a su fluido. Así pues, cuando la chispa divina nace de la Fuente y decide dirigirse hacia la vibración de un alma y adoptar ese «manto», pasa por el fluido, por el sas vibratorio del Alma Madre. Es el Alma Madre la que permite que la chispa divina se revista con el manto del alma. A través de su fluido permite que el alma, habitada por esa chispa divina, se oriente hacia su familia de almas y encuentre su posición. Gracias a esa posición, podrá seguir su evolución como alma y servir a la Fuente. Todas las familias de almas reposan en el fluido del Alma Madre y este reposa en la Fuente. En consecuencia, las familias de almas reposan en la Fuente.

Podrías imaginar al Alma Madre como una nave inmensa llena de células denominadas familias de almas. La imagen de la nave es solo para entenderse. No nos referimos a los extraterrestres, sino a un vehículo que incluye a todas las familias de almas. Dicho vehículo no tiene que ver con un automóvil sino con un fluido que baña las vibraciones de la Fuente y que hace factible la existencia de las familias de almas.

En el Alma Madre y en derredor hay chispas divinas: pura esencia. Su función es alimentar a las familias de almas y facilitar los intercambios, la comunión y la comunicación entre las familias. En este espacio también encontramos a los estabilizadores, que sobrevuelan, que viajan para ir a visitar a sus primos y primas y demás familiares. Gracias a las chispas, la luz puede circular entre las familias en el seno del Alma Madre. Envuelven constantemente a tu familia y estás constantemente rodeado por ellas, no solo en el más allá sino también en el más acá. Habitan tu cuerpo celeste, tu cuerpo de luz. En un momento de iluminación de la conciencia, podrías contemplarlas en torno a ti.

Las chispas divinas son capaces de transportar la Fuente, de llevarla consigo; son esta Fuente en su esencia más pura. Por eso transmiten vivacidad, pureza y claridad a las familias de almas, las cuales captan su luz desde la franja periférica, ajustándola plenamente a la chispa que habita en cada una de las almas de la familia. El fluido que emana de las chispas es absorbido por la célula y dirigido hacia el núcleo, el cual, con esta energía, crea la alquimia necesaria para conservar la identidad de la familia. Después, esta energía vuelve a salir del núcleo, atraviesa el filtro, encargado a su vez de ajustarla, y llega de nuevo a las chispas divinas. Son los estabilizadores, acompañados siempre de una chispa, los responsables de vehicular esta energía fuera de la célula, en dirección a otras familias. Las familias de almas se comunican entre sí, en el más allá, mediante una emanación de vibraciones, una respiración vibratoria; el fluido que permite esta comunicación es el del Alma Madre. Todo encaja.

Existen diversos grados, diversos niveles de sas vibratorios. Los sas vibratorios son simplemente una especie de pasaje vibratorio en el cual la chispa o el alma tienen la opción de entrar. Así pues, el Alma Madre puede compararse a un gran sas vibratorio que comprende toda una serie de sas semejantes a puertas de entrada y de salida que las chispas divinas cruzan para encontrarse, para acoplarse con el manto de su alma. Hay sas vibratorios más allá y sonreímos al decir «más allá», porque el Alma Madre es un continente tan inmenso que envuelve a todas las vibraciones que reciben el nombre de almas. Existen, por tanto, otros tipos de sas con funciones distintas a la de propiciar que el alma revista su manto. Algunos son sas vibratorios iniciáticos que el alma, durante o después de la encarnación en la Tierra, puede utilizar para transmutar su manto o afinar su identidad, y desembocar en un cambio de familia de almas si de eso se tratara. El sas es como un estrechamiento vibratorio que permite el paso de un nivel vibratorio a otro, de un plano vibratorio a otro o que existe simplemente como lugar de paso por el que el alma escoge pasar con una finalidad concreta.

Así como las células de tu envoltura física se bañan en un líquido extracelular, así también las células de las familias de almas se bañan en un fluido vibratorio que posibilita la emisión y la comunicación de informaciones. Los sas vibratorios rodean, pues, a las familias y garantizan la estabilidad en la comunicación de los fluidos entre las chispas divinas y las familias de almas. Aseguran la estanqueidad de los fluidos circundantes a las familias de almas, el mundo de las chispas y la vibración del Alma Madre.

¿Te lo puedes imaginar ahora? Trata de reproducir esas vibraciones en forma de imágenes, sensaciones, vivencias, sonidos o perfumes. Porque si intentas hacer que la información que transmitimos encaje en una casilla llamada intelecto, tendrás dolores de cabeza, y no es eso lo que pretendemos. Relaja, pues, los hombros y date permiso para acceder a este Universo que describimos. Hay miles y miles de familias de almas; solo hemos nombrado a doce de entre las que han elegido encarnarse en este nuevo milenio.

Te invitamos ahora a descubrir los espacios que rodean a tu familia. Es fundamental que comprendas que todo aquello que decimos de la familia, del cuerpo de las familias de almas en el seno del Alma Madre, en el universo de las chispas divinas, todo ello conforma un cuerpo, distinto del tuyo, un cuerpo que forma parte de un todo que, a su vez, forma parte del Gran Todo.

Al borde del universo de las almas, al borde de la vibración del amor, existe otro universo, el de las almas que reposan en las tinieblas. No hay separación. La oscuridad no está suspendida en el vacío, sino que reposa en la Fuente. Está rodeada de luz, de chispas divinas. Nosotros bordeamos continuamente la oscuridad. La sombra se sostiene por amor, y sin amor no podría existir. Esto puede desconcertar a quien tenga una mentalidad estrecha, que se preguntará: ¿Por qué la Fuente permite las tinieblas? ¿Cómo es que la sombra puede existir por amor? La sombra existe debido a la libertad del alma, puesto que el alma siempre es libre de alejarse de su luz y escoger el desamor y la destrucción. Es libre en todo momento, *libre en todo momento,* y esta libertad está sustentada por la energía del amor, que es incondicional.

Tu cuerpo físico es semejante al cuerpo de las almas. Los órganos internos viven en el interior de múltiples sistemas. Las células son alimentadas por el fluido del amor. También es verdad que pueden nacer células atípicas, que pueden cristalizarse tumores; esas células son de otra naturaleza sin dejar de ser similares, porque provienen de la misma célula y luego se extrapolan. La excrecencia es alimentada por el amor, por el terreno. Y únicamente el amor sana la célula atípica. Es la misma vibración. ¿Comprendes esta analogía?

Tu Planeta también es una célula. Posee un cuerpo semejante al cuerpo del universo de las almas, siempre en el seno de la Fuente, en la Fuente, en la plenitud del amor. En tu planeta hay seres que se matan unos a otros y también ellos están sustentados por la energía del amor, porque este amor no juzga. Si el amor, si el fluido juzgara, no podrías existir de ninguna manera. Acrecienta tu conciencia.

Tienes la opción de unirte totalmente con la energía que te sustenta y tienes también la de identificarte con tus miedos y temores. Tienes la posibilidad de soltar lo que te amarra y escoger la fluidez, la unión, la fusión, la fuerza, y reconocer tu identidad. Recibes un apoyo incondicional. Tu identidad engendra fuerza y no separación. Tu identidad engendra la unión sin cesar, *sin cesar.* Tu alma sabe de dónde viene. Dejó el más allá para encarnarse, pero resulta que el más allá está aquí abajo. Expande la energía de tu corazón, porque te bañas de lleno en el amor. Aunque creas ilusoriamente que no hay amor y que te han herido, estás inmerso en el amor. Tu alma abarca mucho más que la envoltura física. Está aquí y allí, porque aquí es allí y allí, aquí. No hay separación. Vives todas tus vidas al mismo tiempo. Por eso, cuando sanas un espacio, sanas el conjunto. Cuanto más ahondes en esta experiencia, cuanto más amplíes tu conciencia, más instantánea será la sanación, una suerte de milagro. La expansión de conciencia que estás experimentando ahora remite a lo universal; la cotidianidad podrías vivirla siempre así. La familia de almas, con ayuda del núcleo y del filtro, perpetúa su visión. ¿A qué se debe su existencia? ¿Cuál es su acción? Los estabilizadores se comunican con las demás familias y las almas de la periferia conservan y sellan las actividades de la célula, en contacto permanente con las chispas divinas y el fluido del Alma Madre. Esta visión es transmitida a las almas que han dejado la familia para encarnarse, sea cual sea el planeta elegido. Estás conectado telepáticamente con tu familia de almas, y ella te comunica esa visión. ¿Qué han venido a hacer hoy los sanadores en la Tierra? ¿Qué han venido a hacer hoy los maestros en la Tierra? ¿Qué hacen los chamanes? ¿Y los enseñantes? ¿Y los comunicadores? Para hallar las respuestas a estas preguntas, basta con que las almas se mantengan a la escucha de su familia porque, valga la redundancia, se comunican telepáticamente con ella y comulgan con la visión que la inspira. Todo ello se da en el fluido del Alma Madre. La misión de las almas es proteger esta visión y plasmarla a través de la densidad del planeta en el que se hayan encarnado. Esta visión no solo ayuda al alma que la cobija sino también a la evolución del Planeta entero.

Tu papel, en la encarnación, es el de llevar y actuar según la visión de tu familia de almas, que es también la tuya. Has elegido encarnarte y atravesar las múltiples experiencias que eso implica; esta visión está siempre presente en todo, *todo,* aunque trates de negarla. Si eres receptivo a ella, se acelerará tu evolución. Si te niegas a admitirla, la evolución será más lenta y, en consecuencia, más densa.

Cuando las almas se encarnan, con su identidad y con la chispa divina en su interior, se acoplan a la vibración del fluido de su familia, fluido que se percibe en el aire. Si las almas encarnadas de una familia no son conscientes de su visión, este fluido puede ser muy débil y difícil de percibir. Si, por el contrario, las almas deciden asumir conscientemente la visión, el fluido se vuelve mucho más perceptible y les resulta más fácil conectar con su familia y alinear su visión. Todo ello se vive en el fluido del Alma Madre. La energía de tu familia de almas también está presente en la encarnación. Este fluido circula dentro de ti, emana de tu cuerpo porque es la identidad del alma a través de la Fuente, a través de la divinidad. Por eso, cuando tu alma se topa con otra de la misma familia, los fluidos se reúnen, se reconocen, se enlazan de nuevo y se estimulan mutuamente, lo cual aumenta la intensidad vibratoria de la familia. En el caso de las citas frustradas o fallidas, los fluidos se reconocen, pero no hay estímulo, se produce un alejamiento de la vibración. No decimos que sea grave, solo decimos que *esto pasa.*

Estos lazos vibratorios, en el seno de una familia y entre familias, existen gracias a redes, a planos de conciencia que nosotros llamamos meridianos. Cuanto más evoluciona un alma a través del filtro de la encarnación terrestre y más consciente es de su familia de almas y de su visión, más potentes son esos meridianos. No obstante, el alma tiene la posibilidad de rechazar su identidad celeste y, valiéndose de su personalidad, aislarse de su familia, aunque la reconozca. Con ayuda de una personalidad transparente, esta alma también tiene la posibilidad de reconocerse y alinearse consciente y telepáticamente para acceder a la red de almas de su familia. Cuanto más acceso tiene el alma a esa red, más conciencia toma de las familias que obran en la Tierra. Pongamos, por ejemplo, un alma de la familia de los maestros que toma conciencia de que ha venido a la Tierra para iniciar un movimiento. Puede ser que, de repente, acudan a ella un sanador y un comunicador para secundar esta iniciativa. Esas almas cooperarán con la familia de los maestros para iniciar movimientos de sanación y de comunicación; eso ayudará a la familia de los sanadores y a la de los comunicadores para que alineen sus actividades y den impulso a su visión. Todo encaja. Todas las familias colaboran y se apoyan mutuamente, porque se necesitan unos de otros para mantener la visión y servir a la evolución del planeta Tierra, Planeta al que han decidido ayudar, ¿no es así? El Alma Madre brinda para ello su apoyo vibratorio.

Preguntas

P.—¿Cómo podríamos facilitar la comunicación con nuestra familia de almas para que nuestros actos respondan a la visión que nos anima?

R.—¿Cuántos de entre ustedes siguen su intuición profunda? Este es el principal medio de comunicación. Escuchar la voz interior requiere un estado de receptividad, disponibilidad y espontaneidad. Se comunican constantemente entre ustedes, en el seno de su familia y de una familia a otra. Permanezcan a la escucha, abran su oído interno, abran su corazón. Si observan lo que pasa a su alrededor, se darán cuenta de que la familia de la comunicación está atravesando dificultades en este momento. ¿Por qué? Pues porque la energía del poder ha invadido la comunicación y también la energía de la sombra ha invadido a esta familia. Estamos hablando de la comunicación a través de los medios de información, las instituciones, los libros, las películas, etc., cada vez más controlados por las grandes potencias.

P.—¿Cómo pueden ayudar las demás familias?

R.—La familia de enseñantes enseñará acerca de los problemas de la comunicación; la de los maestros se introducirá en las instituciones donde el poder esté *distorsionado;* la de los sanadores aportará su ayuda redactando textos sobre sanación. La comunicación telepática también está afectada a causa de la exagerada utilización de ciertas sustancias energéticas.

P.—¿Qué tipo de sustancias?

R.—Imagina una sala con 2000 ordenadores en funcionamiento. La carga magnética que se desprende interfiere en la transmisión de las ondas telepáticas. No decimos que esto sea malsano, les informamos simplemente de la situación predominante en el mundo de la comunicación hoy en día. Por lo tanto, los vínculos telepáticos deben purificarse para no admitir interferencias.

Los sanadores pueden ejercer una influencia benéfica al respecto, porque, cuando colocan sus manos sobre un ordenador, mitigan los efectos magnéticos que provocan la distorsión. Sea cual sea tu familia, puedes hacer reiki a tu ordenador y contribuir así a reducir los efectos no deseados. La máquina es una herramienta divina y puedes intervenir en ella. No estás separado de la materia que te rodea. Tu televisor emite ondas, lo mismo que el ordenador, pero estos objetos también responden a las ondas que tú emites. ¿No te has percatado de que tu ordenador reacciona a tu estrés, bien sea funcionando con más lentitud o bien negándose a cumplir la orden que le das? ¿Por qué no va a reaccionar, pues, ante las ondas positivas? Puedes imponer las manos no solo sobre los hombros del usuario, sino también directamente sobre la máquina, porque está viva, está hecha de vibración.

CAPÍTULO 7

Canalizar y vivir la visión

Eres libre, y esta libertad es tu iniciación.

Hoy, tu alma vive un gran impulso. Este impulso tiende a alinear la encarnación que has decidido experimentar con la visión planetaria, la visión de servir a la divinidad que te habita más allá de los sistemas de creencias, más allá de las leyes terrenales, expuestos a la energía universal de la vida, del amor y la luz.

La capacidad de conectar con tu esencia y de respetar la visión propia de tu encarnación no solo guía a tu alma para que siga el camino de su evolución; también lleva a que las almas de tu entorno reconozcan el suyo. Así pues, tu trabajo de crecimiento personal repercute sobre los demás. Reconociendo tu identidad, ayudas a que los demás reconozcan la suya; de esta manera, alineas la conciencia planetaria.

Tu historia está inscrita en cada una de tus células. Dispones de la capacidad de acordarte perfectamente de tus vidas, de los actos realizados, de las posiciones ocupadas, de las cárceles que has conocido (nos referimos también a aquellas cárceles mentales, psíquicas, psicológicas e incluso espirituales en las que algunas almas se han confinado). Tienes la capacidad de recordar, de leer, entre las líneas de esta encarnación, quién fuiste en las demás encarnaciones. Cada vez que te invitamos a acrecentar tu conciencia, es para que permanezcas en contacto con tu identidad profunda y real, con la naturaleza espiritual que siempre habita en ti. Así, despertando tu luz, ayudarás a que los demás reconozcan la suya.

Existe un gran número de familias, cada una con su misión en el universo de las almas. Acompañadas de las chispas divinas, estas familias también intervienen en otros universos, en multitud de planos vibratorios denominados planetas, como la Tierra, Arturius, Sirio. Desde tu posición en el interior de tu familia sirves en todo momento a la Fuente, ya que no hay separación entre tu emplazamiento y tu acción. El reencuentro con la familia puede esclarecer, además, tu misión en este Planeta. Cuando las almas de tu familia y de las demás familias se encarnan, el objetivo del reencuentro es recrear el cuerpo vibratorio del universo de las almas *en* la Tierra. Este cuerpo vibratorio forma parte de la visión inherente a cada una de las almas, sea cual sea la familia a la que pertenezcan.

Maestros, sanadores, chamanes, guerreros... no importa la pertenencia: la visión de las familias de almas, la visión del universo de las almas está grabada por entero en la tuya. Cuando esta se encarna, sabe cuál es su procedencia, su posición y las almas con las que puede encontrarse, con el fin de preservar su visión, y el Universo te acompaña en esta empresa. ¿Cómo? Con el descenso de energías celestes hasta el plano terrestre. ¿No es lo que llaman «puertas vibratorias»? Cuando se abren puertas en el Universo que circunda a tu Planeta, ya se trate de la puerta del 11/11 o la del 07/07, entre otras, estos aportes de energía activan el reencuentro de las familias, lo cual contribuye a recrear la visión y el cuerpo vibratorio del universo de las almas en el Planeta. En el mismo espacio-tiempo, también se abren estas puertas para Venus y otros planetas y se instala el mismo movimiento energético. Cuando ocho planetas se alinean, ¡imagina el número de puertas que han tenido que abrirse para propiciar ese alineamiento!

¡Imagina ahora el cuerpo vibratorio del universo de las almas ajustado, alineado, equilibrado y en paz! Todos ustedes participan de este movimiento y todavía no saben cómo ni por qué. Poco a poco lo van desentrañando y eso exige un proceso de depuración, de desintoxicación, de trascendencia, de desapego de la dependencia afectiva, así como una expansión de la conciencia. No debería extrañar que leyendo este libro sientas cierto cansancio, porque todas las células de tu cuerpo físico y de tu capullo de luz se alinean para el reencuentro con otras familias y con la tuya.

¿Estás dispuesto a acoger, pues, todo lo que ello implica, aunque no sepas con exactitud cuál es la visión que va cobrando vida en tu interior? ¿Aunque no sepas a dónde te conducirá? De todos modos, antes del alineamiento, que no se reduce ni mucho menos a la lectura de esta obra, es importante que haya una depuración, que retires aquellas capas ofuscadas por el ego y la personalidad, impregnadas de tristeza, de sentimientos de abandono o de soledad. ¡No olvides el gozo del reencuentro! ¡La alegría que brota del corazón! ¡El estímulo que recibe la conciencia! Te invitamos a soltar y trascender tus miedos y a unirte con tu familia, a sanar las heridas y preparar la experiencia de la visión.

En este proceso de purificación, no estás solo. Tu trabajo personal en el seno de la familia ayuda a los demás miembros que también van en busca de sí mismos. Y ayuda igualmente a los que están dormidos, que despertarán de repente y empezarán a cuestionarse cosas. Puedes invitarlos a recibir de ti el alineamiento de la visión. Observarás que algunos miembros de tu familia terrestre soñarán contigo, que los amigos se acordarán de ti, e incluso a algún amigo de la infancia le vendrán ganas de saludarte. Tus actos no son solo tuyos, incumben a la familia entera en este y en otros planetas. Cuanto más te alinees en el interior de tu familia y de las familias de almas que conforman el universo de las almas, más participarás, telepáticamente, en el alineamiento y la visión planetarias.

Con sus funciones y sus obras, incluso en el más allá, tu alma no se duerme en las nubes. Entre las sucesivas encarnaciones —y utilizamos la palabra «entre» para que nos entiendas—, tu alma no deja de servir. En ocasiones, y aunque permanece asociada con ella, deja la familia y va a lugares que no son terrestres para llevar a cabo determinadas misiones. Según la posición, y siempre en el más allá, realiza acciones específicas. Esas acciones, que pueden tener lugar en la Tierra o en el más allá, impulsan al alma a elevarse, a transmutar su densidad. De este modo, tu alma vive lo que nosotros llamamos transmigración, que equivale a un periodo depuratorio durante el cual cambia de nivel vibratorio. Pasa por anillos de luz o sas vibratorios que aligeran su densidad, transmutándola hasta que vuelve a ser chispa divina y se funde de nuevo con la Fuente, renace como chispa y prosigue su camino.

Supongamos que, a raíz de un accidente, recibes un fuerte impacto en el cráneo y entras en coma. Los miembros de tu familia terrenal te acompañarán para ofrecer su apoyo y lo mismo harán los de tu familia celeste; mientras tanto, tu alma puede aprovechar ese estado para vivir una transmigración importante. Aunque también puede atravesar estas etapas durante una experiencia de muerte clínica, en estados alterados de conciencia, en vivencias místicas, en el despertar de la kundalini o durante breves momentos de iluminación. Situaciones, todas ellas, que pueden propiciar la transmigración del alma.

Lo que intentamos decir es que tu alma, mientras está encarnada, puede utilizar un espacio de exploración de la conciencia para efectuar una transmigración. Algunas lo viven en presencia de un maestro espiritual y otras en presencia de una vibración angelical o durante una conferencia en público, por ejemplo. El cuerpo está sentado y atento, cuando, de repente, el alma se sirve de nuestra vibración, transmigra y regresa. No estamos diciendo que todos los asistentes a las conferencias transmigren, solo decimos que eso es posible. El alma encarnada se vale de un nivel vibratorio 'x' como trampolín para experimentar una fase de transmigración, volver y seguir el curso de su encarnación. Evidentemente, se producirán cambios en la vida de esa alma encarnada. La personalidad se fijará en el alma y le dirá: «¡Caramba! ¡Estás mucho más luminosa que hace unos segundos! ¿Qué ha pasado? Tendré que ajustarme de prisa». La transmigración puede aligerar al alma hasta convertirla de nuevo en chispa divina.

En las células de tu capullo de luz y en las de tu alma anida la visión de tu familia de almas. La llevas contigo cuando vas detrás de la creación de un cuerpo, un cuerpo universal, un cuerpo vibratorio que representa el universo de las almas en el Planeta. Este cuerpo transporta no solo la visión de cada familia sino también la visión global del universo de las almas. Si el corazón, el hara o la conciencia contienen juicios acerca de las demás familias, te invitamos a trascenderlos. Si juzgas a los demás miembros de tu familia y aplicas la experiencia terrenal y sus condicionamientos a los lazos entre las familias de almas, te invitamos a purificar el corazón y la conciencia, así como las memorias, y a abandonarte a la energía de sanación.

¡Conecta con el amor!

Al principio del libro hemos comunicado que, cuando las almas se encarnan, algunas de ellas, debido a la densidad terrestre, pueden proyectar los condicionamientos, la condición humana, a los vínculos celestes que unen unas con otras a las almas y que unen el mundo de las chispas divinas con el de las almas. Algunos humanos utilizan la tercera dimensión y la proyectan sobre la Fuente misma, pensando que Dios castiga, recompensa o se impacienta o que, al contemplar la Tierra, retira la chispa divina a un alma porque ha escogido la sombra. Esto no es así en absoluto. Es urgente que tomes conciencia de que estas ideas solo son proyecciones de la condición humana sobre una vibración que no lo es. Lo mismo ocurre con el universo de las almas, la célula familiar, el reagrupamiento de las familias de almas y todas las enseñanzas que hemos transmitido.

Puedes utilizar la condición humana de esta encarnación y proyectarla sobre una enseñanza que es celeste, proyectarla sobre tus hermanos y hermanas de luz que no están encarnados, sobre las chispas que te rodean y que no tienen otra identidad que la divina. Eres libre. Obrando así, limitas la energía que emana de tu capullo de luz. Rebajas tu nivel vibratorio y enturbias la comunicación con el nivel vibratorio más elevado. Luego te preguntarás: «¿Por qué no siento nada? ¿Por qué no percibo nada? ¿Por qué tanta confusión?». Pues simplemente porque antepones las emociones propias de la tercera dimensión mientras estás a la escucha, cuando, en el fondo, sabes perfectamente que no puedes canalizar a tu familia o recibir sus mensajes si te mantienes en un nivel vibratorio que densifica tu personalidad y embrolla la comunicación.

Tu lectura llega a su fin en términos de «fin de las enseñanzas leídas», pero no de «fin de la experiencia». Al contrario, la experiencia no ha hecho más que empezar. Tu alma se expandirá, y tú con ella. Por este motivo, te pedimos que mantengas puros la conciencia, el corazón y el hara. ¡Purifícate! Disfruta de la capacidad de amar, tu naturaleza profunda es lo incondicional, así como la vida eterna, la inmortalidad... Debes estar a la altura de quién eres realmente. Cuanta más purificación, alineamiento y fusión concedas a tu alma, contribuirás más a extender y transmitir la energía del amor por el Planeta.

Te invitamos a desapegarte de todos los conceptos y sistemas de creencias y de pertenencia con respecto a los hermanos y hermanas de luz encarnados que están cerca de ti. Te invitamos a reconocer que una sola vibración puede favorecer el estado de receptividad y conservar la visión dentro y fuera de ti: el amor.

Cuando hablamos de la visión de tu familia de almas no nos referimos únicamente a la visión de tu encarnación, porque el «tú» y el «yo» no existen ya en el plano hacia donde pretendemos guiarte. No existe ni el «yo» ni el «mío», sino solo el «sí mismo», el «nosotros», la plena apertura a tu familia y a todas las demás que forman el cuerpo vibratorio del universo de las almas en este Planeta y en el resto. Canaliza la visión de tu familia, la que llevas en la profundidad de cada una de las células del cuerpo físico y los cuerpos sutiles, visión interior que te anima y que está al servicio de tu encarnación. La experiencia de la vida terrenal es un medio que te guía para transmutar la energía del corazón y la conciencia, que te invita a una evolución personal. Puedes entretenerte durante siglos en la encarnación terrestre, en la tercera dimensión, buscando al culpable, acusando al malvado, creyendo que eres el mejor, poseyendo y adquiriendo los bienes más preciados, el castillo más señorial... sin sustentar la visión esencial. Has escogido el filtro terrestre y puedes extraviarte, lo cual no es bueno ni malo, *es así*.

Ahora bien, cuando se elige pasar por el filtro y elevarse acogiendo la encarnación y aceptando lo que uno ha escogido —sufrir, recibir heridas e infligirlas, entre otras cosas—, entonces todo ello se convierte en un poderoso medio de transmutación, de purificación de lo condicional, de reconocimiento de lo incondicional que caracteriza al alma y que se ha olvidado. La energía de lo incondicional, la energía del amor es el motor de tu visión. Cuando te preguntes acerca de la naturaleza de tu visión, de tus actos, acerca del sentido de la encarnación, experimenta el amor, canaliza amor, sé amor, e inmediatamente reconocerás el motor, el fluido de tu alma, de tu identidad.

Tu visión, la visión de las almas de tu familia, podrías considerarla como un escenario ideal común. Está inscrita en las células vibratorias, en la identidad misma de tu alma y la has traído contigo al encarnar. No solo es un escenario ideal común de tu familia sino también del cuerpo de las familias de almas por entero. Por esta razón, sentirás de repente la necesidad de juntarse y crear centros de reunión en lugares concretos del Planeta, lugares que representan el entorno de tu familia. Sentirás la necesidad de ir, de reagrupar a los miembros de tu familia y, aunque no acudan físicamente, se servirán de las emanaciones telepáticas. Algunos lugares del Planeta equivalen a los chakras del cuerpo vibratorio del universo de las almas; es urgente que conectes con ellos y amplifiques sus vibraciones.

Vamos a retomar el mantra sagrado de las familias de almas. Ese mantra, repetido una y otra vez y que reaviva la visión interior que anida en las células de tu alma, la visión de tu familia y de la unión entre familias de almas. Aunque no te percates de ello, están todos unidos. Por eso, cuando juzgas a los miembros de tu familia, tienes que saber que estás juzgando a la condición humana. ¿Sería mucho pedir que, al mirar al otro a través de su condición humana, vieras su divinidad, vieras el potencial energético de su familia, más allá del «ego», del «yo»? Si solo ves el ego, significa que tu visión es reducida. Si solo ves el límite, significa que tu visión no se ha expandido. Es un ejercicio excelente ver el potencial y no el límite del otro.

Esta es la visión. Si te quedas bloqueado en ese nivel, en el ego del otro, ¿cómo podrás leer la visión en ti y en los demás?

Permite que los sonidos sagrados calen hondo en tu interior y canaliza tu visión, *canaliza tu visión.*

Ejercicio

Antes de recitar el mantra, te invitamos a canalizar el amor y a reconocer profundamente quién eres, a aceptarte desde la energía del amor incondicional.

Coloca las manos en el corazón físico, el corazón kármico o el corazón espiritual. Acéptate, acoge a tu alma, siente su presencia bajo las manos, suelta los miedos, las dudas, las vacilaciones de la mente, las incomprensiones. Suelta el control, deja de lado el sistema de creencias y la voluntad de encasillar la enseñanza.

Eres inmensidad, eres fluidos, eres intuición, espontaneidad, transparencia. Eres amor a pesar de las heridas, eres amor a pesar de los miedos, eres amor a pesar del dolor, eres amor a pesar de la densidad terrestre, eres amor a pesar de todo. Reconoce quién eres.

Acoge a tu familia de almas en tu interior. Deja que se liberen las energías de las citas frustradas para que haya espacio. Abre el corazón y la conciencia, acoge a tu familia, acoge a tu alma, a tu esencia. Enraíza el amor en las caderas, las rodillas, los pies. Enraíza el amor en tu vida cotidiana, enraíza la visión en la cotidianidad. No intentes predecir el futuro, permite esta experiencia aquí y ahora.

Déjate llevar por la energía de tu familia. No intentes saber cómo te comportarás mañana, vive el presente, este momento, déjate llevar. Eres portador de la visión.

Respira profundamente. Acabas de invocar a tu alma, de invocar al amor y la visión. **A UM**. Alma universal, Alma Madre.

Y ahora, al recitar **A UM NE Ü I NAH**, dejas que tu alma emane; invocas a la divinidad, solicitas el reconocimiento y pides a tu familia que se una, que emane, que se comunique. **NE Ü I** remite a la vibración de las chispas divinas, pura esencia, y **NAH** es el reconocimiento.

Lleva al tercer ojo, a la conciencia, este sonido que es una llamada a la familia, la llamada de tu alma dentro de la familia a través de su divinidad. Pide interiormente por la visión de tu familia. ¿Qué misión has venido a cumplir en el seno del reagrupamiento de tu familia? Pídelo en tu interior y escucha la respuesta. Recibe la información. Pide con claridad y que sea *ahora.* Pide que sea *ahora.* ¿Cómo puede la identidad real del alma obrar con ayuda de la transparencia de la personalidad? ¿Cómo se puede manifestar plenamente el alma y su identidad?

Manteniendo una mano en el corazón físico, pregúntate en tu fuero interno qué es lo que, ahora mismo, en tu vida, impide que la identidad del alma se manifieste, se exprese cotidianamente a través de la conciencia, el corazón y la acción correcta. Porque tú eres dueño de tu vida, eres dueño también de tus miedos, dudas y resistencias. ¿Qué es lo que, dentro de ti, representa un obstáculo? ¿Qué es lo que, dentro de ti, se resiste a la expresión divina de tu alma, a la expresión divina de su identidad? Escucha la respuesta en actitud de recogimiento.

Al recitar este mantra, no solo invocas a tu alma sino que también la invocas en relación con su familia, invocas el vínculo telepático, elevas su vibración. Sugerimos que utilices este mantra a título individual, con la familia o en una reunión de diferentes familias, **pero no ante un gran público.** ¿Qué pasaría si lo recitaras ante un público que no se reconociera? Aparecerían miedos, dudas, juicios, incertidumbre y demás interferencias, y no es eso lo que se pretende, ¿verdad? Sí puedes hacerlo en presencia de almas que reconozcan su identidad, aunque no sepan exactamente a qué familia pertenecen. **Solo el A UM puede recitarse en presencia de un gran público porque es el que casi todos los seres humanos pueden acoger.**

Vamos a añadir otro sonido a este mantra, que tiene por efecto el reagrupamiento de las familias de almas. Se trata del sonido **TA.** **TA** es el árbol de la vida, el alineamiento de las energías celestes con las terrestres, el sonido que sella. Llamas a tu familia, la reagrupas y sellas.

Estás preparado para invocar a tu alma en el seno de su familia, para reconocer la visión, la identidad, y reconocer también a los demás, unirlos y sellar esta unión. Eres una llama, eres una chispa divina envuelta con el manto del alma, *tu* alma. Vas a avivar esa chispa, vas a llamar a tu alma, vas a activar tu visión recitando el mantra y vas a sellar el reagrupamiento de todas las familias con el **TA.**

Para recitar este mantra no hay que tener prisa; enraíza bien tu energía y déjate llevar por la vibración. No intentes hacerlo bien, déjate llevar por la energía de tu familia. Arraiga el amor, la luz y la visión en el momento que vives, aquí y ahora. Estás alineado, reconoce la fuerza de la comunión vibratoria que existe entre tu familia y tú, entre tu familia y todas las familias. Eres un puro canal vibratorio de amor y luz. Cuanto más reconozcas tu identidad, tanto más se reconocerán los demás; de este modo, ayudarás a que el Planeta entero se reconozca.

¿Va cobrando forma la visión? Es importante que esa forma se vaya definiendo cada vez más en tu conciencia, en tu corazón, en tu hara, en tu esencia en el seno de tu familia. Nos gustaría añadir, para acabar, que por el mero hecho de estar encarnado colaboras con tu familia, ya que mantener la visión en la densidad del mundo encarnado armoniza la relación de tu familia con el Universo. Afianza tu acción en el presente, pues eso contribuirá a que tus actos se alineen con tu visión, con la visión que anima a tu familia de almas. No llenes el futuro de expectativas, porque es agotador. Vive el presente. Siembra amor, déjate llevar por tu familia de almas, alineando tu voluntad con la energía de tu corazón y tu conciencia.

Mantra para invocar al alma y su visión

A lo largo de esta obra nos hemos servido del apoyo vibratorio de un mantra específico para facilitar el contacto con tu alma en el seno de su familia y su visión correspondiente. Se ha hecho referencia a él en diversos capítulos; ahora nos gustaría explicar el significado de las partes que lo componen. He aquí la versión completa del mantra: **A UM NE Ü I NAH TA**.[8]

El sonido **A UM** invoca al alma. Si sientes que tu alma se aleja de tu personalidad, si sientes que a tu alma, al final de una meditación, por ejemplo, le cuesta volver a la envoltura física, recita **A UM.**

La **A** es un sonido que sana la energía de los pulmones, la energía del corazón, la energía vital, de la encarnación, y está asociado a la vibración del punto de amarre de tu alma.

UM es el sonido universal, que estimula la apertura de todos los conos de los chakras. Recitar el **UM** permite que los chakras giren en la dirección adecuada y que se abra el cono o embudo en paz, quietud y serenidad, porque es un sonido envolvente que acompaña y apacigua. Representa un apoyo vibratorio para todos los mantras.

---

8 La u y la ü se pronuncian igual: como una u.

Con el **A UM**, pues, se invoca al alma a través del sonido universal. Invocas al alma, la envuelves y estimulas la apertura de todos tus chakras. Tu alma estará muy contenta de descender e integrarse, ya que le ofreces el apoyo del sonido universal del planeta Tierra y del Universo entero. Invocando al alma, también invocas a tu familia de almas con el **A UM**; elevas un canto de alabanza al alma, la celebras. Este sonido no es solo una llamada: también acompaña y envuelve a tu alma.

NE Ü I. Este sonido no pertenece a la Tierra sino al universo de las chispas divinas, al universo de las almas. **Ü** es el sonido divino. Si quieres cantar a la divinidad, a la Fuente, puedes repetir **Ü** canturreando. En este Planeta hay sonidos que se le parecen, ¿no es así? Las sirenas, el sonido del viento cuando sopla... Al recitar solo **Ü** se abren los chakras superiores y reciben una dosis masiva de los planos celestes. Utilizamos también este sonido en algunas intervenciones para facilitar la apertura de la glándula pineal.

Si adjuntas **NE Ü I**, dirigiéndolo hacia el tercer ojo, aparece el sonido correspondiente a la energía de la chispa divina. Invocas así al alma unida a la vibración de las chispas divinas, del Alma Madre. Apelas a su nacimiento, su origen divino. **A UM NE Ü I.** Relacionas al alma con su Fuente. Evocas su nacimiento, la chispa divina. Le recuerdas su divinidad, llamas al alma y a toda la familia. Alineas la energía divina en el seno de la familia y conversas con cada una de las chispas. ¿No es maravilloso?

NAH remite de nuevo al descenso de la vibración en la familia de almas. **A UM NE Ü I NAH.** Reagrupas a la familia, recolocas a las chispas en la vibración, en el color vibratorio. Haces que tu familia descienda sobre ti y sobre el plano terrestre, porque todavía estás encarnado, ¿no es así? No lo olvides, gracias a ti desciende la vibración de tu familia a la vibración terrenal. Llamas a las almas de tu familia y les dices: «¡Estoy aquí! ¿Dónde están? ¡Vengan!».

Hemos añadido **TA** para el reagrupamiento de las familias. **A UM NE Ü I NAH TA. TA** sella este movimiento e invita a que todas las familias se reagrupen. **TA** es el descenso directo, en el árbol de la vida, de la vibración a la que acabas de apelar. El sonido **TA** sella el mantra.

Nota importante

Tal como hemos mencionado anteriormente, es preciso que este mantra sea recitado solo con aquellas personas que reconozcan a su familia de almas. No debe recitarse con un grupo numeroso de gente porque se correría el riesgo de provocar distorsiones. El A UM es el único que puede proponerse a grupos que todavía no reconocen su identidad real.

Las almas hermanas y la pareja en la encarnación

Texto extraído de la conferencia titulada:
«Las almas hermanas y la sanación del condicionamiento amoroso».

CANALIZACIÓN DEL ARCÁNGEL MIGUEL, QUEBEC,
24 DE FEBRERO DE 2000.

Las almas hermanas y la pareja... hoy en día es un tema muy en boga en tu Planeta. La enseñanza que te vamos a transmitir está directamente relacionada con tu corazón y tu alma, así como con la pareja interior: el hombre y la mujer, el yin y el yang, la luna y el sol. Y también está directamente relacionada con la pareja exterior, con la búsqueda, con el deseo consciente o inconsciente que te anima y te empuja a fusionarte con el otro.

Vamos a hablar del amor; del amor celeste y del amor terrenal y, aunque mencionemos dos formas de amor, desde la visión del alma y de la esencia, estamos hablando de una sola y única vibración. Puedes alegar que hasta ahora has conocido solo un 10 por ciento de amor celeste frente a un 90 por ciento de amor terrenal y nosotros responderemos que es a través de este que pasa el amor celeste. Por eso te invitamos a amar. ¿Estás preparado? Quizá esta propuesta evoque temores y resistencias por parte de la personalidad debido a sus heridas. Pero tranquilo, porque tu capacidad de amar, tu amor, sana todo a su paso. No es ningún cuento de hadas: ese amor está presente en tu interior, en cada una de tus células.

El alma existía en el más allá mucho antes de que se encarnara, ¿no es así? Pues bien, en el más allá, el amor *es.* ¡Acuérdate del nacimiento de tu alma! Eras una chispa diminuta que, procedente de la Fuente y después de haber atravesado el sas del Alma Madre, adoptó el manto del alma. Esta identidad vibratoria hizo posible que te trasladaras a diversos planos de conciencia, que formaras parte de una familia de almas, que te posicionaras y reconocieras a tus hermanos y hermanas de luz. Te encarnaste en la Tierra con el manto del alma y sentiste su peso, su densidad. Luego, escogiste a tus padres, entre otros. Escogiste habitar un cuerpo físico, entrar en el feto y utilizar como vehículo de encarnación una identidad terrestre. El resultado fue que, en esta encarnación, te definiste como hombre o mujer, alto o bajo, de ojos marrones, verdes o azules, con el cabello liso o rizado, en el marco de una familia rica o pobre, víctima de las travesuras de unos cuantos hermanos, mimado o abandonado a tu suerte... Todo ello configura la identidad terrestre, *la identidad terrestre.*

Durante todo ese tiempo, tu alma ha vivido con esta identidad a sabiendas de que era solo un vehículo prestado al servicio de su evolución, a sabiendas de que, a través de esa identidad terrestre, podía conectar en cualquier momento con su identidad celeste, con su ser más profundo, con su esencia. Es posible que la identidad terrestre se convierta en un vehículo totalmente transparente a la identidad real del alma y que el alma pueda utilizar ese vehículo, masculino o femenino, al servicio de su evolución, de la evolución de este Planeta y del amor.

Si decimos que estas identidades pueden fundirse en una sola (la espiritualidad integrada en la carne), es porque la identidad celeste, que es la identidad profunda, conoce el amor universal, conoce la fusión con el todo. Llevas esta experiencia, esta memoria impresa en las células del pulgar, de la mano, de los cabellos, del cuerpo entero. Conservas la memoria de la fusión aunque seas calvo... Lo que intentamos decir es que llevas impreso el recuerdo, la capacidad, la experiencia de la fusión. Cuando recibes un flechazo, ya sea que dure un segundo, diez, quince, veinte o cuarenta años, esta experiencia permite el reconocimiento del amor universal. Sabías que ese amor existía, pero lo habías olvidado. Y entonces, de repente, te acuerdas. ¿No es maravilloso? ¡Así es el amor!

Se experimenta el flechazo con pasión; las células reconocen, saben, se acuerdan, porque los seres llevan consigo el amor, el recuerdo de la fusión. ¿Cuánto tiempo podrá uno aguantar? Hacemos la pregunta, pero no estás obligado a responder. De hecho, vamos a plantear muchas preguntas, que suscitarán respuestas conscientes o inconscientes, portadoras de una energía que surgirá de tus células.

Conoces, pues, el amor terrenal y el amor celeste, porque conoces el amor universal. Tu alma lo sabe, lo emana. Tu esencia rebosa de amor universal. ¿Cuál es el problema, pues? ¿Por qué los flechazos acaban tan repentinamente? ¿Por qué te consumen? ¿Por qué dejan tantas cicatrices? ¿Por qué tanto desengaño amoroso? ¿Por qué el amor puede destruir? ¿Por qué, por qué, por qué? Por múltiples razones.

Con tu identidad terrenal has vivido el amor y sus condiciones. Aunque tus padres deseaban transmitirte el amor universal con su amor paterno o materno, aunque ellos se volcaron en los hijos, pusieron condiciones. Experimentaste el amor condicional, el amor asociado al planeta Tierra. El alma de tus padres también ha venido a revivir, reencontrar y experimentar el amor terrenal y sus condiciones, igual que tú. Este Planeta es como un gran laboratorio de exploración. Todos conocen las heridas amorosas, han sido heridos por alguno de sus padres y han registrado esta herida. La han cultivado y han construido todo un sistema de creencias en torno a ella.

Y en cuanto reciben de lleno el flechazo, no importa cuándo ni a qué edad, tienen la posibilidad de revivir todos los condicionamientos amorosos que han incorporado y que conocen a la perfección. No piensen que los han relegado al inconsciente. Sentimos decirles que su personalidad es plenamente consciente de sus heridas amorosas, y su alma también, porque se repiten de vida en vida.

Claro que también pueden crear otras nuevas; en ese caso, atajen esa tendencia de inmediato.

Conoces bien esos condicionamientos, esas montañas de creencias acerca del amor sobre las que te asientas, unos auténticos Himalayas de creencias amorosas. Si nos dijeras: «No me acuerdo», nosotros preguntaríamos: «¿Vives en pareja?». Y si la respuesta fuera: «¡No, no quiero saber nada de eso! ¡La pareja es para mí un tema zanjado!», sonreiríamos... porque albergas una pareja en tu interior. ¿Lo sabías? ¿Sabías que eres una pareja, aunque vivas solo? Pero si vives con otra persona, se dobla la relación de pareja. Entonces, debes negociar con la pareja interior, con la exterior y con la interior de tu compañero o compañera. ¿No es maravilloso? Hay muchas ocasiones de fusión o de destrucción, ¿verdad? Así pues, ¿cuántas parejas resultan? Tres parejas, multiplicadas por dos, da seis individuos. ¡Y no estamos hablando de personalidades múltiples! O sea que la pareja no es un tema zanjado. Además, formas pareja con la Tierra, ¿no es así? Y formas pareja con el Cielo. En total, ocho, cuatro parejas. ¿Qué sugiere eso? Contempla esta figura geométrica.

Tu pareja interior es fruto de las experiencias de la identidad terrestre, de la experiencia kármica. Pongamos por caso un alma con cincuenta encarnaciones masculinas que no fueron fáciles y que regresa integrada en un cuerpo de mujer. Quizá le cueste asumirlo. Es posible que sea una mujer muy yang, que no comprenda el cuerpo femenino, que se pregunte adonde ha ido a parar el hombre, porque todavía puede sentirse hombre aunque sea una mujer. Estaríamos ante una pareja interior en conflicto. En alguien que ha sido hombre durante cincuenta vidas y que se encarna como mujer perdura la memoria de haber habitado un cuerpo masculino. Y viceversa. Eso puede haber inducido cierto desequilibrio entre el yin y el yang. De todos modos, si esa persona en cuestión ha escogido un cuerpo de mujer, es para servir a la evolución del alma en la Tierra y para servir también al Planeta. Por lo tanto, tu identidad terrenal está justificada, tiene un sentido, como tienen sentido todas esas heridas de amor que has padecido y que tienes la posibilidad de sanar.

Cuando contemplamos la Tierra, y a ustedes en ella, leemos que el origen de todas las heridas está en el amor. Que el origen de todas las enfermedades está en el amor. Que la raíz de todas las guerras es el desamor. Que todos los desequilibrios existentes en la Tierra provienen de la falta de amor. Contemplamos también que la herida del amor es la que les resulta más difícil de tratar y de acoger, que es de la que más recelan. Los desequilibrios planetarios tienen su origen en el amor. Están preparados y dispuestos a superar un cáncer, a sanar las heridas respecto al poder, la relación con el dinero, con Dios o con las vidas anteriores. Sin embargo, tan pronto como mencionamos el amor o cuando, en los encuentros individuales, hablamos de las heridas amorosas, la reacción inmediata es de recelo. Porque saben que, si sanan sus heridas amorosas, ya no tendrán motivos para aferrarse a su identidad terrestre: entonces lo único que les queda por hacer es fusionarse. Y, aunque ese sea su deseo más profundo, se interpone un miedo cerval a liberarse de sus heridas amorosas.

Muchos de ustedes lo niegan; dicen: «Todo va bien. No estoy herido. No necesito a nadie. Con mi espiritualidad me basta y me sobra. Todo está controlado». ¡Negación! Porque la espiritualidad auténtica no consiste en el estudio de las formas geométricas ni de la Cábala, de la numerología ni de los textos sagrados. La verdadera espiritualidad pasa por ahí, pero, por encima de todo, se asienta en el amor, consiste en amar: amarse a ustedes mismos, al prójimo, al árbol, a la flor, a la violencia, a la guerra, al Planeta... amarlo todo. De eso se trata.

Hemos traído a colación el tema de las almas hermanas porque son un buen ejemplo de esta búsqueda de fusión a través del otro, del anhelo de cumplir la misión y del rechazo a encontrarse. Se ha hablado de las almas hermanas. Los ángeles Xedah impartieron una enseñanza específica sobre ellas, lo cual desencadenó una especie de terremoto en Quebec, Montreal, y otras zonas vecinas. Inmediatamente las personalidades, las identidades terrenales y los condicionamientos amorosos surgieron como volcanes en erupción. De repente, todas las entidades que recibieron las enseñanzas se pusieron a buscar al príncipe azul o la princesa. Hablamos con conocimiento de causa, porque fuimos testigos de ello. Inmediatamente, salieron detrás del alma hermana, del príncipe azul. Un condicionamiento de sobras conocido en la Tierra, ¿no es verdad? No obstante, lamentamos informarte que el alma hermana también puede ser un sapo. No te decepciones porque, aunque tengas la impresión de que tu alma hermana es un príncipe, también puede ser un sapo. Con la ilusión del príncipe azul, ¿cómo vas a vivir el encuentro con el alma hermana? Y viceversa, con la ilusión de la princesa no vas a permitirte esa experiencia.

Por eso hemos escogido el tema de las almas hermanas, porque son un ejemplo concreto de lo que suponen los condicionamientos amorosos, de lo que conoces a la perfección.

Para que comprendas bien la esencia de esta enseñanza, contempla **dos almas que no sean hermanas,** que hayan compartido muchas vidas y que coincidan en esta encarnación. Al reconocerse, se atraen y las almas intercambian un fluido que es percibido por la personalidad, que intenta vivirlo. Porque, efectivamente, *intenta* vivirlo. Estamos hablando de la atracción entre las almas y, como están encarnados, dicha atracción se experimenta a través de sus células y chakras.

Las heridas amorosas no solo están alojadas en el corazón. Puedes tener una herida amorosa en la garganta: un resentimiento, por ejemplo. O en la conciencia, y negarte a ver la realidad. O en el plexo, en forma de una incapacidad de digerir la relación con una persona determinada en un periodo determinado. O en el hara, y haber cedido el poder al otro en todas las relaciones afectivas. O en la base, en forma de una incompatibilidad en la relación sexual aunque se quiera al otro de todo corazón. Memorias y heridas diversas...

Cuando las almas se reconocen e intercambian ese fluido, este desciende por todos los chakras. El ego también lo recibe y, colmado de este amor, puede escudarse en su sistema de creencias. De repente, uno se siente poderoso. Y es natural, porque el amor es un poder de sanación. Vamos a repetirlo y te invitamos a respirar: *El amor es un poder de sanación.*

Un ego acorazado reconocerá dicho amor y dirá: «El otro me pertenece. Amo y poseo, así que no sufriré más. Voy a agarrarme bien. Por fin tengo al otro en mis manos». ¿Cuál es la intención que, a tu parecer, se oculta detrás? El deseo de fusión. Sin embargo, te recordamos que no puedes fusionarte mediante el apego a otra persona. Vamos a repetirlo y te invitamos a respirar: *No puedes fusionarte mediante el apego a otra persona.*

Tu personalidad, a causa de sus heridas y de los condicionamientos amorosos, interpreta el fluido a su manera. Los chakras se unen en el marco de una relación filial, amistosa o de otro tipo. Los chakras se unen en distinta medida, pero las heridas persisten; entonces, ¿qué pasa? Que empieza la fricción, te desilusionas y penetras en tu sufrimiento. *Tu* sufrimiento. ¿Cuál es tu pena de amor? ¿Cuál es tu herida amorosa? ¿Qué te hiere o qué te ha herido en el terreno amoroso? Reflexiona unos instantes antes de contestar a estas preguntas.

Nos gustaría añadir unas cuantas más. ¿Cultivas esta herida? ¿La riegas, la abonas, la cuidas? ¿La alimentas o intentas sanarla para liberarte de ella? ¿Qué haces? Reflexiona de nuevo unos instantes antes de contestar a estas preguntas.

Esta enseñanza trata acerca de la pareja, pero no olvides que hablamos también, y simultáneamente, de la pareja interior, aunque no siempre hagamos referencia a «interior» y «exterior». Basta con que recuerdes que la pareja está en todo.

Así pues, cuando dos almas se encuentran, su identidad terrenal se topará con la herida del amor. Aunque adopte formas diversas, vamos a resumirlas en una sola expresión: *la herida amorosa.*

Esa herida está presente, y dispones de todo tu potencial para sanarla. En la personalidad, en la identidad, se remueven las heridas mientras las almas continúan sintiendo la atracción. También puede suceder que se produzca un bloqueo a nivel de la personalidad y se encamine uno hacia la destrucción en lugar de dirigirse hacia el amor, ya que el objetivo de la pareja es siempre el amor, la expansión del amor.

Se viven entonces periodos de desintoxicación de diversa índole e intensidad, durante los cuales recomendamos encarecidamente la comunicación. No olvides de todas maneras que la herida no es infligida por el otro, que es *tu* herida. En la tercera dimensión existente en la Tierra, muchas almas se sienten víctimas dentro de la relación amorosa y van intercambiándose los papeles, asumiendo alternativamente la condición de perseguidores, víctimas y salvadores. Ahora bien, en cuanto uno se eleva por encima de la tercera dimensión, deja de proyectar su herida sobre el otro y toma conciencia de que es un medio de evolución, de que cada cual representa un medio de evolución para el otro. Esa es la función de la pareja.

Contempla qué pasa hoy con la pareja en la Tierra. Muchas entidades se separan y muchas otras se juntan. Este movimiento es constante, y el amor es siempre el objetivo de la pareja. Cuando surgen dificultades, cuando se reabre la herida, es básico que te ocupes de tu herida y no del otro, porque solo tú podrás sanar *tu* herida. El otro puede ayudar, pero no tiene la capacidad de sanarte, solo uno puede sanarse a sí mismo.

Primera etapa, pues: sanar tu herida. Gracias a ello, tu nivel vibratorio se transmutará y serás más permeable al amor universal, puesto que ya no vivirás en función del condicionamiento, de la herida, del amor condicionado. Te abrirás al receptáculo del amor universal y a tu identidad celeste, que es la transparencia. Eso implica cambiar de nivel vibratorio. Si el otro va a seguirte o no, es un gran interrogante, ¿verdad? Ocúpate de tu herida y evoluciona amando al otro tal como es. Si continúa atrapado en su herida, no podrá seguirte, porque no vibrará a la misma frecuencia. No estamos hablando ni de superioridad ni de inferioridad, sino de compatibilidad vibratoria.

Contempla a tu pareja. Contempla las parejas. Contempla la pareja interior. ¿Se da una compatibilidad vibratoria? Ocúpate de tus vibraciones. Sana lo condicional y continúa con tu evolución. Si el otro no evoluciona, si su ritmo es distinto del tuyo, no podrán seguir. Dices que te separas y nosotros sonreímos, porque la separación no existe. Permaneces unido con esa alma, solo que eliges evolucionar por caminos diferentes. El amor es sinónimo de libertad.

¿Y qué hay de las parejas que deciden evolucionar juntas y no por separado? Vamos a retomar el ejemplo de **dos almas que no son hermanas,** que se han reconocido de vidas anteriores y que deciden comprometerse, unirse durante cinco días, cinco años o cincuenta, no importa. Con ese compromiso, se inicia un movimiento de desintoxicación y se instaura la posibilidad de evolucionar. En cuanto esas almas se unen, por un periodo de horas o de años, el fluido que circula entre ambas crea un capullo que envuelve a ambos de luz y se convierte, si hay amor, en una luz que no es del mismo color vibratorio que el de las almas. El color vibratorio que lo caracteriza es el **rosa miel.**

Este capullo de amor creado por dos almas y su personalidad correspondiente, que se reencuentran, viven una historia de amor y se purifican en el amor, genera una onda expansiva de amor. Esa pareja sirve a la evolución. Habrá almas que reconocerán esa tonalidad rosa miel y se sentirán atraídas por ella, no para formar parte del mismo capullo sino para instalar esa misma vibración de amor en su vida. Este es simplemente el objetivo de una pareja. Si te imaginas a los niños o a los cachorros adheridos a este capullo rosa miel, podrás deducir que eso constituye ya de por sí toda una enseñanza, ¿no es así?

Continuemos ahora con la enseñanza y supongamos que se encuentran **dos almas hermanas.** Estas almas han estipulado un contrato en el más allá, contrato que han repetido en muchas vidas aquí abajo. El contrato consistía en encontrarse para cumplir una misión determinada. Por esta razón, decidieron pasar por una iniciación en el más allá que las unió mediante unos puentes de luz a la altura de los chakras superiores. Entre estas almas hermanas, ya sean dos mujeres, dos hombres, madre e hijo, etc., se pueden leer, pues, unos puentes de luz que se unen hasta el infinito. Cuando estas almas se reconocen, trascienden la etapa «sapo» y deciden reactivar el compromiso, por un periodo de cinco horas, cinco años o cincuenta, los puentes se iluminan. Se produce una desintoxicación por la que todos deben pasar. Hay desintoxicación, purificación, unión y, de nuevo se forma un capullo que las recubre. Su color no es rosa miel sino uno muy difícil de describir, parecido a un tono **plateado con una mezcla de azul difuminado con blanco.** Si quieres, trata de imaginarlo y búscale un nombre. Este capullo será más grande porque deberá incluir los puentes de luz. El objetivo de este gran capullo que envuelve a las almas hermanas será servir de vehículo para su misión común.

Muchas almas hermanas se reconocen, quieren limpiar de veras la personalidad y se sienten llamadas a cumplir conjuntamente una misión, porque esa es la meta de su encarnación. Pero, ¿qué está ocurriendo ahora en el planeta Tierra? Contemplamos que muchas almas hermanas se pierden en la misión. Se comprometen, sí, *se comprometen con la misión,* pero no dedican el tiempo necesario a consolidar su capullo. Dedicarse a una acción para servir al Planeta contribuye a sanar la personalidad, pero no se pierdan en la misión, queridas almas hermanas. Cultiven el amor. Si no existe amor entre las almas hermanas, si no se encarna a través de la personalidad, la misión fracasará, porque esta sustenta el vehículo del capullo de luz, creado a partir del amor por las almas que se encuentran.

Existen, además, las almas hermanas primordiales, que el maestro Ramtha ha elogiado cumplidamente. *La otra mitad.* Las almas hermanas primordiales han salido de la misma chispa divina, la cual, tras haberse revestido con el manto del alma, se escindió en un momento muy preciso. Durante algún tiempo, las dos chispas resultantes de la escisión cohabitaron bajo el mismo manto y, poco a poco, cada cual adoptó su propio manto, creándose así dos almas depositarias de la memoria de la otra mitad. No hay muchas actualmente en la Tierra, pero si el Planeta lo admitiera, habría más. Y vas a comprender por qué. Porque para que las almas hermanas primordiales se reencuentren, se unan y decidan emprender su misión común, el nivel vibratorio del Planeta debería corresponder al de la quinta dimensión. Hoy en día, la mayoría de los humanos que habitan en el Planeta se sitúa en la tercera dimensión.

La misión de las almas hermanas primordiales que vienen a la Tierra es encontrarse, fusionarse y elevar así el nivel vibratorio del Planeta. Esta es su iniciación, su única misión. Pero, ¡cuidado!, ya que la identidad terrenal de un alma hermana primordial puede quedar prendida en el deseo, en la fijación de encontrar la otra mitad. Si el ego está herido, la personalidad puede utilizarlo para convertirse en la mayor víctima que haya existido en la Tierra.

Cuando el alma hermana primordial se encarna, lleva consigo un karma importante y llega para reunirse con su otra mitad, que ya está ahí y la espera, o llegará más tarde. Y no temas, porque van a encontrarse; ahora bien, ese reencuentro no será un cuento de hadas. Recuperarán la sensación de plenitud y el sentido de la existencia, pero se abrirá para ellas una fase de iniciación. Y de eso se trata: de una auténtica *iniciación* que las conducirá a una profunda desintoxicación y purificación, para que puedan juntarse y fusionarse de nuevo y ser uno en la Tierra, *uno en la Tierra.*

Esto no significa que vayan a perder su identidad, ¡en absoluto! En ese nivel, ya no cabe hablar de identidad, porque están destinadas a vivir totalmente el amor celeste en carne y hueso. Esto es posible;

sin embargo, en este momento pocas almas consiguen superar esta iniciación. Hemos dado el parte meteorológico de las almas hermanas primordiales hoy en la Tierra. El color del capullo constituido por la unión de estas almas es **pura luz.**

Es esencial que comprendan las formas de expresión de las almas que se encuentran. Y repetimos que el objetivo es siempre el amor. Ahora les cedemos la palabra.

Preguntas

P.—¿Es posible que dos almas hermanas vivan en continentes distintos y que no lleguen a encontrarse nunca?

R.—Sí, todo es posible. Pero no es el caso de las almas hermanas primordiales, porque su misión es precisamente encontrarse para servir a la elevación del nivel vibratorio del planeta en el que están encarnadas. Como por casualidad, una se topará con la otra.

P.—Cuando dos almas hermanas se encuentran, viven juntas durante cuarenta años y una de ellas muere, ¿qué hace la que queda en la Tierra?

R.—Proseguir la acción, porque la otra la apoyará desde el más allá. No la abandona. *Proseguir la acción.* Quizá tengas la impresión de que mengua la intensidad, pero es una impresión ilusoria. Cuando el otro se va, tu capullo de luz no se disipa ni desaparece. Continúas con él y por eso continúas transmitiendo amor y lo sabes. ¿O no estás transmitiendo constantemente amor? De ahí lo importante que es reconocer la pareja interior, porque también eres esa alma hermana interior.

P.—Vivo con mi alma hermana primordial: yo la he reconocido, pero él no me reconoce a mí. ¿Cómo llevar esta situación con armonía?

R.—Agradecemos la pregunta y confirmamos esa vivencia profunda. Tú estás preparada para la iniciación, pero a la personalidad, a la identidad terrenal de tu compañero, le cuesta. Las heridas de este ser le impiden reconocer la vibración de su pareja real. Puedes ayudarlo, eres un medio para él y él también es un medio para ti. Sin embargo, es algo que no se puede forzar; lo que sí puedes hacer es comunicarte con él. Permanece en este camino iniciático que ya ha empezado para ti; la iniciación estriba en el hecho de que tú lo reconoces y el otro no. Reconoce, acepta y persiste en el amor. Y ya nos lo contarás más adelante.

P.—Dado que se pueden experimentar varios flechazos, ¿qué indicaciones podrías darnos para reconocer al alma hermana?

R.—Esta pregunta es importante; de hecho, planeábamos transmitir esa enseñanza. Existe atracción entre todas las almas. Podrías preguntarnos si cada alma es un alma hermana y nosotros responderíamos que no. Estás aquí ahora debido a la aceleración de las vibraciones. Quizá encuentres una, dos, tres, hasta cinco almas hermanas en esta encarnación. O quizá ninguna. ¿Cómo reconocerlas, pues? Es muy fácil.

Cuando se siente atracción por un alma que no es hermana, se tiene la sensación de conocer a esa persona, uno en seguida se encuentra cómodo en su presencia, como en un terreno conocido, por decirlo de alguna manera. Con un alma hermana es algo muy diferente. Quizá se sienta lo mismo que acabamos de describir, pero se percibe además una profundidad difícil de explicar. En presencia del otro, uno se ve envuelto por una vibración que existe más allá de esa persona. Y esa vibración está generada por los puentes que enlazan a ambas almas. Repetimos que esa atracción trasciende la personalidad, el color de los cabellos, la constitución física, la profesión... ¿nos entiendes? Se siente una energía envolvente, que protege y al mismo tiempo empuja hacia el otro. Es en este momento cuando algunos se dan a la fuga. Si las heridas amorosas son profundas, surgen los miedos y uno se dice: «¡Esto es demasiado fuerte! ¡Demasiado potente! Si me dejo llevar voy a morir».

Se teme perder el control, y los condicionamientos entran en erupción como volcanes. ¿Te suena de algo, querida alma?

P.—¿Qué debería hacer entonces?

R.—¡Lanzarte! Estás más que preparada. Es cierto que, a menudo, el alma hermana no tiene nada que ver con el príncipe o la princesa, que no es forzoso que compartan gustos e intereses, al contrario que las almas gemelas, que sí comparten inquietudes, practican los mismos deportes o leen los mismos libros. Todo coincide. En presencia de un alma gemela, uno reposa. Con respecto al alma hermana, uno se siente empujado, como si soplara viento. Quizá haya trabajo por hacer, es decir, sencillamente una desintoxicación del ego. Sana los recuerdos de aquellas vidas en las que te abandonaste a ti mismo y ponte en marcha. El amor, *el amor.* El encuentro con un alma hermana desencadena automáticamente un terremoto interno. La pareja interior se tambalea. De ahí la necesidad de centrarse de nuevo.

P.—¿Qué pasa cuando se reconoce a un alma hermana, cuando es percibida en el nivel vibratorio y, sin embargo, ella no nos reconoce?

R.—Puede darse cualquier escenario. Antes que nada, se les invita a amar. Si reconoces a un alma hermana, pero ella no te reconoce a ti, pregúntate, en primer lugar, si eso está relacionado con alguna herida que tiene que ver con tu identidad terrenal. No pongas en duda tu percepción, pero pregúntate por qué motivo no te reconoce. ¿Has vivido algo parecido hasta ahora en la Tierra? Si la respuesta es afirmativa, sana tu herida. O quizá hayas vivido algo parecido en otras vidas. ¡Sana, pues, esos recuerdos! Una vez sanada la herida, quizá el otro te reconozca. O quizá no quiera reconocerte porque tiene miedo: no puedes obligarlo. No renuncies al amor, sana y acepta. Si esta alma hermana no te reconoce, quizá haya otra esperando...

P.—¿Cuál es el porcentaje de almas hermanas primordiales en la Tierra en la actualidad y por qué vienen? ¿Por qué quieren encarnarse si hay tan pocas probabilidades de iniciarse?

R.—Hemos dicho que había menos que si su Planeta estuviera en la quinta dimensión. Hay almas que desean ayudar al Planeta, y este es el objetivo que comparten todos los seres encarnados. Esas almas son plenamente conscientes de que hay un 40 por ciento de posibilidades de que no lo consigan. Pero quieren intentarlo de todos modos. En el más allá no se emiten juicios. Actualmente, el 10 por ciento de las almas encarnadas son almas hermanas primordiales.

P.—¿Qué ocurre en el caso de una pareja que lleva ya algunos años de convivencia y una de las almas se siente atraída por una tercera persona?

R.—A esto se le llama triángulo. El triángulo desestabiliza a la pareja. El tres desestabiliza al dos. Y si es así es porque ya había entre los dos cierto desequilibrio y alejamiento. Aparece entonces otra alma; conviene no juzgarlo, porque los miembros de la pareja ya se habían alejado antes. No debes juzgar tampoco que a veces se den periodos de alejamiento en tu relación de pareja interior y exterior. Dichos periodos pueden indicar que es hora de que las dos almas evolucionen cada una por su lado. Quizá estén atrapadas en una relación de apego y aparece entonces una tercera persona para clarificar la situación, la cual tanto puede provocar la disolución del dos como ayudar a una mejor compenetración entre ambas.

Ejercicio

Te invitamos ahora a respirar hondo, porque es hora de ponerse en movimiento. Vamos a guiar una meditación profunda que puedes practicar en casa y que también puedes transmitir a otras personas. Te invitamos a compartir esta enseñanza y a difundir su mensaje.

Esto es muy importante, porque cuantas más parejas se unan y cultiven el amor, más se expandirá y se consolidará una fuerza de amor universal planetario.

En esta meditación, te invitamos a llamar al otro. Si tienes pareja, no tengas miedo y llámala. Si te estás separando, llámala. Si estás solo, llama al otro. Y no olvides a tu pareja interior. Este llamado se refiere no solo al exterior sino también al interior. Elegir la vida en pareja significa trabajar tu pareja interior. Acuérdate de esto.

Te invitamos a respirar hondo. Antes de empezar con el ejercicio, reconoce la existencia del otro, incluso su presencia. Reconoce que todos son medios de evolución unos para con otros. A través de tus raíces celestes, los cabellos y el chakra de la coronilla, te invitamos a unirte con tus raíces terrestres, con los pies bien asentados en el suelo. Deja que circule tu fuerza espiritual a través de todos los centros energéticos, a través del corazón, los brazos y las manos, que son las raíces del corazón. Escucha el amor, da y recibe amor.

Inspira y espira profundamente. Relaja el cuerpo físico y pídele a tu personalidad que participe. Pídele que te acompañe durante esta meditación profunda. Afloja los hombros, la mandíbula y los ojos. Date permiso para expandir la conciencia, el corazón y la acción.

Ahora, suavemente, con tus manos de luz o con las físicas, toca los chakras, los centros de energía que en este momento soliciten tu atención. Apacígualos, aplaca tus miedos, calma tus heridas amorosas. No dudes, toca esos centros de energía ahí donde sientas malestar, vacío o sobrecarga. Eres un foco de luz, una llama eterna, una fuerza espiritual. Respira hondo. Deja que el amor sane.

Pide ahora a tus manos que dejen esos centros de energía y se pongan una frente a otra a la altura del corazón o del plexo. Durante unos segundos, contempla a tu pareja interior: la mano izquierda representa la parte femenina y la derecha, la masculina. Con los ojos abiertos o cerrados contempla a tu pareja interior. Poco a poco, con tu permiso y con ese anhelo tuyo de sanar, deja que las manos se junten para simbolizar la unión consciente del yin y el yang, el reencuentro y el reconocimiento del otro. Respira acompañando esta unión amorosa, este acto de fusión interior, de reconocimiento, de deseo. Si notas resistencias, acéptalas, no las juzgues. Si no te sientes preparado, no tienes ninguna obligación de unir las manos.

Tras ese gesto de unión, coloca las manos sobre el cuerpo en actitud de apertura. Relaja la envoltura física. Reconoce el canal de luz y de amor que eres. Reconoce tu centro.

Inspira y espira. Llama al otro con tu fuerza espiritual, la fuerza de tu alma, con tu identidad profunda. Llama al otro y pídele que venga hacia ti ahora. Llámalo con tu anhelo, con ese entrañable deseo de fusión y de amor. *Llama al otro.* Llámalo desde tu centro de luz, desde el amor. Inspira y espira. Si el dolor emerge, ama. Este amor sana, ama. Si asoma la tristeza, ama. Este amor sana, ama. Si surge ira, ama. Purifica. Y continúa llamándolo, invoca la fusión, la pareja, la unión en el amor. Mantén el nivel vibratorio de esta meditación y respira hondo. Llama al otro con toda libertad y recibe. Recibe, *recibe.* Inspira profundamente y espira. Mantén esa receptividad, porque eres un receptáculo de amor. Respira.

No dudes en practicar y transmitir esta meditación. Recuerda que el objetivo de la pareja es el amor, *el amor.* Que la Fuente acompañe y guíe sus obras con el amor que sana, que los guíe en el reconocimiento del otro y avive su anhelo de fusión. Y no olvides que estamos siempre presentes. ¡Utilízanos!

Conclusión

Esta canalización del arcángel Miguel tuvo lugar a 4000 metros de altitud en el monasterio de Ghanden, Tíbet, el 25 de abril de 2000, cumpleaños de Marie Lise Labonté.

Te damos la bienvenida a las vibraciones de Shambala. ¿No es este un sitio privilegiado para transmitir la conclusión del libro dedicado a las familias de almas?

En el más allá, el conjunto de las familias de almas forma un cuerpo vibratorio que es la expresión pura del amor infinito, de lo inconmensurable, de la eternidad. Cuando la chispa divina decide atravesar el sas vibratorio del Alma Madre para unirse al manto del alma no es para promover la separación. Cuando decide dirigirse a una familia de almas y ocupar una posición específica no es para separarse. Por eso te decimos a ti, lector: «¡Vigila bien! No utilices la enseñanza contenida en esta obra para sembrar, en ti o en otros, la discordia, la división, la separación o la jerarquía. No la utilices para reforzar los sistemas de creencias que te han servido hasta ahora. Porque sería muy fácil utilizar esta enseñanza sagrada y proyectar sobre ella los condicionamientos terrenales».

Cuando encarnas en el planeta Tierra, vas a reunirte con tu familia terrestre y vas a coincidir con una serie de almas: padre, madre, hermanos, hermanas, amistades... con las cuales tendrás ocasión de sanar las heridas de tu corazón, de tu conciencia y de tu acción.

En el marco de la familia terrenal, vienes para encontrarte con almas que servirán de base a tu evolución.

Es muy importante que, a través de tu identidad terrestre, tu alma despierte a su naturaleza divina, a su identidad celeste y que reconozca su pertenencia a una familia de almas, así como la existencia de almas pertenecientes a tu familia y a otras familias de almas.

Si tu alma escoge este despertar de su conciencia, un despertar que también recibe el nombre de nacimiento psíquico o espiritual, conviene que, en el curso de su encarnación, se una, se asocie *vibratoriamente* con almas de su familia y de otras familias celestes, con el fin de forjar una cadena de reconocimiento amoroso, de recrear la familia celeste en los planos terrestres y de instaurar el Cielo en la Tierra.

Anhelamos que las almas se reúnan con su familia de almas y se creen familias espirituales en este Planeta. Pero, antes de que se restablezcan estos lazos, es fundamental que todas las almas sanen las heridas con respecto a su familia terrenal, porque, si no, podrían proyectarlas de nuevo sobre su familia espiritual y no es este el objetivo de reencuentro celeste.

Las enseñanzas de este libro se han transmitido con la esperanza de ayudarles a reconocer a qué familia pertenecen y qué posición ocupan en su seno, a que reconozcan su identidad celeste y a que sean conscientes de que esta identidad, que existe a través de su familia de almas, es un vehículo de evolución y de realización, *su* vehículo de realización en la Tierra.

Que así sea.

Que la Fuente te acompañe en este movimiento de luz que estás creando y que se extenderá a través de toda la red telepática y de los meridianos que surcan el planeta Tierra por entero.

Gracias a estos movimientos energéticos evitarás grandes conflictos, porque, con la visión que aportas, el fluido se esparce y transmuta las energías que quieren entrar en conflicto.